앞서가는 서학개미를 위한
해외주식 투자지도

황호봉 지음

앞서가는 서학개미를 위한
해외주식 투자지도

원앤원북스

제로금리 시대의 생존 전략, 해외주식 투자에 답이 있다

2020년 여름, 우리는 제로금리 시대에 완전히 진입했다. 벤 버냉키(Ben Bernanke) 연방준비제도이사회 전 의장이 제2차 양적완화를 선언해 세상을 깜짝 놀라게 했던 2010년, 잭슨홀 미팅을 재현하듯 바로 그 자리에서 제롬 파월(Jerome Powell) 의장은 '영원한 제로금리'를 천명한다. 물론 최근 상승한 미국 정부 부채와 연방준비은행(이하 연준) 대차대조표(FED balance sheet)를 고려하면 충분히 예상 가능했던 행보지만, 연준의 신뢰성과 권위를 생각해보면 매우 의미 있는 이벤트라고 생각한다.

2020년 연준은 목표치보다 높은 인플레이션을 용인하면서 금리를 올리지 않겠다는 평균물가목표제(average inflation target)를 발표했다. 기존의 2%를 목표로 하던 '물가목표제(inflation target)' 앞에 '평균(average)'이라는 단어가 붙은 것이 뭐 그리 큰 차이냐고 물을 수 있지만, 이는 매우 큰 의미를 내포한다.* 경기 상승을 유도하되 경기가 살아나더라도 제로금리를 유지하겠다는 의지로 해석되며, 더 나아가 시장에 대한 막강한 권력인 통화 정책의 영향력을 연준 스스로 축소하는 것을 의미한다. 즉 정부 정책에 기반한 재정정책으로의 헤게모니의 이전을 뜻한다. 연준은 이제 한 발짝 물러서서 시장이 확실히 성장할 수 있도록 제로 명목금리, 인플레이션에 따른 마이너스 실질금리를 장기간 유지하겠다는 계획을 세웠다.

인플레이션을 고려한 미국 10년 국채금리의 그래프를 보자. 2008~2009년의 침체기(회색) 이후 제로금리 정책은 2011~2013년 마이너스 실질금리로 이어졌다. 그리고 2020년 코로나19 사태를 계기로 다시 한번 마이너스 실질금리 기간에 접어든다. 이전의 침체기였던 2008년 글로벌 금융위기 시기에는 언젠가 정상화될 것이라는 전제로 '장기간의 제로금리'가 이어졌다고 보는 것이 맞지만, 이제는 바야흐로 끝이 보이지 않는 제로 명목금리, 마이너스 실질금리 시대에 진입한 것이다.

• 평균물가목표제는 연준이 코로나19 사태로 경제를 부양하고자 2020년 8월 채택한 정책이다. 물가상승률 목표를 장기 평균 2%로 삼아 일정 기간 2%를 상회해도 용인한다는 내용을 담고 있다.

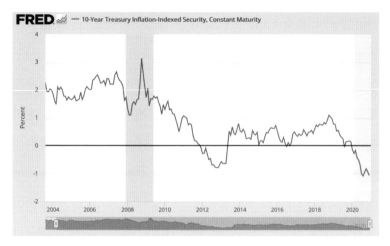

▶ 인플레이션을 고려한 미국 10년 국채금리 그래프

그럼 앞으로는 무엇이 달라질까? 금리 하락에 따른 실물자산 가치의 상승은 이미 여러 분야에서 진행되고 있다. 2020년 코스닥은 무려 40%가 넘는 상승을 보였고, 부동산 가격 또한 무섭게 상승했다(정부 정책에 따른 영향이라고 보는 시각도 있으나 금리가 제로를 향해 내려갈 때 이미 내 집 마련의 꿈은 저멀리 떠나버린 상황이었다). 금리 하락 및 저금리 기조에 따른 자산가치의 상승은 언뜻 보면 자산가와 자본가에게만 국한된 주제로 보일 수 있다. 실제로 우리는 이미 손에 현금을 쥐고 있는 것보다 주식, 부동산, 금 등의 자산을 사는 편이 합리적이라는 금융기관의 광고를 귀에 못이 박힐 정도로 듣고 있다. 하지만 사실 이 문제는 '있는 사람'보다는 바이러스가 창궐했음에도 불구하고 지하철에 끼여 출퇴근하는 평범한 직장인이나, 팬데믹으로 멀쩡한 가게를 접어야 하는 소상공인이 더욱 주목해야 할 부분이다. 월급이 통장을 '스쳐 지나가는' 우리야말로 이 문제를 외면해서는 안 된다. 왜냐하면 제로금리 시대에는 우리가 스스로 이자를 만들어내야 하기 때문이다.

필자는 이 책을 통해 제로금리 시대를 살아가는 '생존 전략'에 집중하고자 한다. 선진국에서는 이미 일반화된 이야기지만 이제는 우리도 은행에 돈을 맡기는 것이 오히려 '손해'인 시대를 살아가고 있다. 앞으로는 대한민국도 다른 선진국처럼 은행 금리에 의존하던 시대를 벗어날 수밖에 없을 것이며, 은퇴 후 여유자금을 은행에 맡기곤 했던 삶도 그에 맞게 변해야 할 것이다. 스스로 '펀드매니저' 수준의 능력으로 은행 이자를 만들어내야 하는 어려운 현실과 마주하게 된 것이다.

하늘 높이 치솟은 집값을 풍자하며 "이 정도 돈을 모으려면 대한민국 직장인은 아무것도 안 하고 무려 20년이나 숨만 쉬고, 물만 먹어가며, 꼬박꼬박 적금을 넣어야 가능합니다."라고 했던 어떤 코미디언의 말이 떠오른다. 박장대소하는 관객처럼 필자도 즐겁게 보긴 했지만 결코 동의할 수는 없다. 누구나 할 수 있고, 아주 쉽게 접근할 수 있는 '투자'라는 수단을 간과했기 때문이다.

흔히 투자를 특별한 능력을 가진 사람만이, 아주 운 좋은 사람만이 할 수 있는 '이벤트'라고 여기곤 한다. 투자의 필요성에 의

구심을 갖는 이들도 많다. 아마도 은행이라는 든든한 뒷배가 지속적으로 우리 곁에 존재해왔기 때문일 것이다. 지금까지는 아무 일을 하지 않아도 은행에 돈만 가져다주면 물가상승률보다 훨씬 높은 이자를 '무위험(risk free)'이라는 조건으로 '배당'받을 수 있었다. '자본주의'라는 정글 속에서 수십 년간 정기적으로 하늘에서 음식이 떨어지는 혜택을 받고 살아온 것이다. 하지만 더 이상 하늘에서 공짜로 식량이 떨어지는 일은 없을 것이다. 정글에서 살아남으려면 싸우는 법과 먹이를 잡는 법을 배워야 한다. 은퇴자금, 자녀의 학자금, 내 집 마련을 위해 '투자'에 뛰어들어야만 하는 시대가 되었다.

현직 펀드매니저인 필자가 이 글을 쓰게 된 이유는 글로벌 자산에 투자한 경험을 살려 동시대를 살고 있는 친구들, 후배들, 인생의 선배들이 좀 더 풍요롭고 행복한 삶을 살 수 있게 돕고 싶었기 때문이다. 더 나아가 독자들이 누구나 한 번쯤 꿈꾸곤 하는 '편안하고 안락한 삶'을 구체화할 수 있도록 도움을 주고 싶었다. 이 책을 통해 우선 투자 철학을 정립하고, 스스로 시장과 맞서 싸울 수 있는 전사의 기질이 있는지 점검한 후, 시장에 대응하는 능력을 키울 수 있는 초석을 마련해보자. 만일 시장과 맞서 싸우지 않고, 있는 그대로 즐길 수 있다면, 이 책에 제시된 시장 해석 포인트와 방법을 활용해 투자 시장의 온도를 감지할 수 있는 힘을 배양하길 바란다. 반대로 시장에 맞서 싸울 수 있다면, 제시된 몇 가지 포트폴리오를 활용해 스스로의 무기를 더욱 견고하게 갈고닦길 바란다.

필자의 전작 『해외 주식투자의 정석』에서는 초보 해외주식 투자자들을 위한 장기투자 전략과 그에 맞는 펀드 투자 노하우를 다뤘다. 투자라는 행위가 정말 어렵고, 아직 '시장 대응'에 대해 배우기 이르다고 생각된다면 먼저 전작을 살펴보고 펀드에 장기투자하길 권한다. '해외주식'을 중심으로 집필했지만 기본적인 자산배분 전략과 투자 철학에 대한 내용이 담겨 있는 본서의 뼈대에 해당하는 책이다. 그러나 어느 정도 투자 경험이 있고 시장 대응을 보다 긴밀히 하고 싶다면 이 책을 정독해 해외주식, 정확히는 글로벌 ETF 투자를 시도해보기 바란다.

과거 필자는 시장이 한 번쯤 금리 상승기를 거쳐 장기적으로 제로금리를 향해 나아갈 것이라고 예상한 바 있다. 그래서 『해외 주식투자의 정석』에서도 긴 안목으로 내다보면 금리 상승기가 도래할 수 있다고 기술했다. 그러나 역시 시장은 예상과 달리 움직인다. '이러이러할 것이다.' 하는 생각이야말로 오만임을 다시 한번 깨닫는다. 시장보다 앞서가려 하지 말고 시장과 발맞춰 걷는 것이 최선임을, 투자를 업으로 하는 필자조차 매일 깨닫는다.

끝으로 끊임없이 동기 부여를 해준 사랑하는 아내 경민과 두 딸 지우와 연우, 내가 하는 일에 언제나 아낌없는 지지를 보내주신 어머니와 아버지, 동생 유현, 그리고 장인어른과 장모님에게 감사한 마음을 전한다. 또한 난해한 시장의 지도를 볼 수 있도록 혜안을 길러주시고, 바쁘신 와중에도 본서의 감수를 기꺼이 맡아주신 NH-Amundi자산운용 김두영 박사님께도 깊은 감사의 마음을 표한다.

내 친구 서학개미들이 '행복한 부자'가 되는 그날을 꿈꾼다. 그 행복한 동행에 더 많은 친구들이 함께하면 좋겠다.

황호봉

차례

1부　투자 전략 수립: 나는 어떤 투자자인가?

1장 | 투자를 위한 몇 가지 고민

2장 | 선택의 갈림길

2부   시장 추종자 vs. 절대수익 추종자

해외주식 투자자를 위한 인사이트

1장 | 시장을 통찰하면 돈 되는 기업이 보인다

2장 | 현명한 투자자를 위한 조언

투자 전략 수립: 나는 어떤 투자자인가?

공부를 하지 않고 투자하는 것은
포커를 하면서 카드도 안 쳐다보는 것과 다름없다.

_피터 린치(Peter Lynch)

투자를 위한
몇 가지 고민

왜
주식인가?

미국주식이 계속 우상향할 수 있을까? 이는 S&P500이 3천을 넘었을 때부터 가졌던 우려인데, 필자가 펀드매니저의 입장이다 보니 늘 밸류에이션에 대해 고민할 수밖에 없었다.* 밸류에이션이란 주가 수준의 적정가치에 대한 기준으로, 참으로 애매하지만 '이 정도 가격은 되어야 한다.' 하는 판단의 기준을 의미한다. 그러나 2008년 글로벌 금융위기 이후 시장에 천문학적인 돈이 풀리면서 밸류에이션이라는 단어보다는 유동성이라는 단어가 더 친숙해졌

---

* S&P500은 미국 스탠더드앤드푸어스사가 기업 규모, 유동성, 산업 대표성 등을 감안해 선정한 미국 보통주 500종목을 대상으로 산출한 주가지수다.

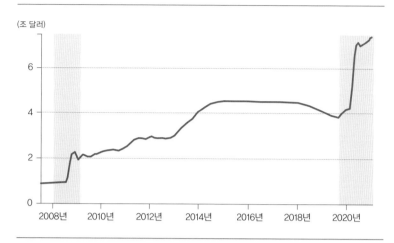

(조 달러)

고, 적정가치에 대한 논쟁은 뒤로 밀려나고 '수급이 재료에 우선한다.'라는 명제가 더 설득력을 얻었다.

　미국 연준 대차대조표를 보자. 2008년 글로벌 금융위기 당시 유동성 공급 정책에 따라 유동성이 2배가량 확대되었고, 2020년 코로나19 사태로 4조 달러 수준이었던 자산이 7조 달러 수준으로 천문학적인 상승폭을 기록했다. 연준이 현금을 살포하면서 급격히 커진 유동성의 힘은 미국의 주가를 끌어올렸고, 이는 전반적인 자산가치 상승으로 이어졌다.

　유동성 확대로 문제는 이전보다 더 심각해졌다. 이제 '왜 주식인가?'를 넘어 '그래도 주식인가?'에 대해 고민해야 할 때다. 합리적인 답변을 도출하기 위해선 생각을 세분화할 필요가 있다.

📈
결국 해답은 주식이다 ①:
배당할인모형 활용법

미국주식의 추가 상승 가능성을 타진하기 위해서는 다시 원점으로, 즉 밸류에이션에 대해 고민할 수밖에 없다. 필자가 일하는 여의도 바닥에서 '밸류에이션 방법론'이란 기대수익률 측정에 따른 방법과 과거 수익률을 활용하는 방법, 회귀분석법, 배당할인모형을 활용하는 방법 등이 있다. 이 밖에도 수십 개의 방법론이 존재하지만 그중 가장 직관적인 '배당할인모형 활용법'으로 답을 찾아보겠다.

배당할인모형 활용법은 금융서에서 자주 거론되는 '고든의 배당성장모형(gordon's dividend growth model, DDM)'을 일컫는다. 이는 현금이 현재와 미래의 배당으로 이뤄지고, 이를 할인율과 성장률로 나눠 현재의 적정가치를 구할 수 있다는 이론이다.

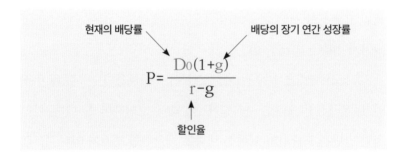

차근차근 알아보자. 상기 공식의 'D0'는 현재의 배당률이며, 'g'는 배당의 장기 연간 성장률이다. 'r'은 할인율, 즉 자기자본 비율(CoE; Cost of Equity)이다. 'r'은 자본자산평가모델(CAPM; Capital Asset Pricing Model) 이론에 따라 무위험자산(Rf)의 수익률과 무위험자산과 시장 수익률(Rm) 간의 민감도를 고려한 복합 수익률의 합으로 구성된다(자본자산평가모델에 대한 부분은 후술하겠다). 자기자본 비율에 대한 식을 풀어서 설명하면 다음과 같다.

$$\text{CoE}(r) = \underset{\text{무위험자산}}{\underline{Rf}} + \underset{}{\underline{\beta(Rm - Rf)}}^{\text{리스크 프리미엄}}$$

즉 'r'은 무위험자산의 수익률과 해당 자산의 리스크 프리미엄(risk premium)으로 구성된다고 볼 수 있으며, 이 요소들의 합이 바로 자기자본 비율이다. 'β'가 시장 민감도 지표이기 때문에 시장 수익률과 무위험자산 수익률의 차이가 리스크 프리미엄이 된다. 이렇게 장기 연간 성장률 대비 무위험자산 수익률과 리스크 프리미엄의 합을 기준으로 내년 배당이 얼마나 나올 것인지 측정하고 현재 주가를 추정할 수 있다.

자, 그럼 자세히 살펴보자. 'CoE(r)=Rf+β(Rm-Rf)'에서 'Rf'는

$$P = \frac{D_0(1+g)}{Rf + \beta(Rm-Rf) - g}$$

$$= \frac{D_0(1+g)}{Rf + \text{risk premium} - g}$$

$$= \frac{D_0(1+g)}{Rm - g}$$

보통 '티빌(T-bill)'을 활용하기 때문에 장기간 제로금리 유지 기조 등으로 0을 대입해도 무방할 것 같다.* 주식 시장을 측정하기 위해 'β'는 1로 가정한다. 여기까지 살펴보면 'CoE(r)=Rf+β(Rm-Rf)=0+1(Rm-0)=Rm'으로 볼 수 있고, 그럼 결국 'CoE'로 적용한 할인율은 시장 기대수익률이 된다. 다시 정리하면 'P=D_0(1+g)/(Rm-g)'가 되고, 시장의 수익률을 구하기 위해 여러 가지 방법 중 이익수익률(earnings yield), 즉 '1/PER'을 적용해볼 수 있다.** 현실적으로 유동성 확대 및 주가 상승이 버블이라는 단어까지 등장하는 상황을 고려하면, PER은 분명 과도한 상승의 방향으로 나아갈

• 미국 재무성이 정부의 자금 문제를 해결하기 위해 발행하는 만기 1년 미만의 재정증권을 티빌이라고 한다.
•• 주가수익비율(PER; Price Earning Ratio)은 주가를 주당순이익(EPS; Earning Per Share)으로 나눈 수치로 주가가 1주당 수익의 몇 배인지를 나타낸다. 주당순이익은 기업의 순이익을 발행된 총 주식수로 나눈 값이다.

앞서가는 서학개미를 위한 해외주식 투자지도

것이 자명하고, PER이 상승하면 분모가 상승하므로 이익수익률(1/PER)도 중장기적으로 감소한다. 즉 궁극적으로 고든의 배당성장모형에서 활용될 할인율을 0으로 치환해볼 수 있다.

'Rf'를 0, 'β'를 1이라고 가정해서 공식을 다시 정리하면 'P=Do(1+g)/(Rm-g)'가 된다. 여기서 배당의 장기 연간 성장률의 불투명한 성격을 반영해 'g' 또한 0으로 대입하겠다. 그럼 'P=Do(1+0)/(Rm-0)'이 되며, 여기서 'Rm' 또한 PER의 상승 방향성을 고려해 0으로 가정해보자. 따라서 시장의 적정가격은 'P=D/0'에 수렴하는, 그러니까 시장의 적정가격 수준이 무한(∞)이라는 산출도 가능하다.

고든의 배당성장모형 자체가 요즘 같은 유동성 장세에 의미가 없다는 반론도 일정 부분 동의한다. 또한 2021년에 접어들면서 장기 국채 금리가 상승하고, '가치주'와 '밸류에이션'이라는 단어가 오랜만에 회자되는 상황에서 하나의 밸류에이션 방법론을 단편적인 가정을 바탕으로 활용하는 것도 무리가 있을 수 있다고 생각한다. 다만 오랜 기간 활용된 모델로 밸류에이션 측정에 오류가 나타날 수 있다는 사실만으로도 시장이 이전과는 완전히 바뀌었다는 해석이 가능하므로, 그런 측면에서는 나름 유의미하다고 생각한다. '밸류에이션 무용론'에 힘이 실리는 근거도 이러한 과정을 거쳐 생각해볼 수 있지 않을까?

📊
결국 해답은 주식이다 ②:
상대적 매력도

다음으로 밸류에이션이 의미가 없다면, 즉 싼지 비싼지 논쟁할 필요가 없다면 어떤 자산이 매력적일지 상대적인 관점에서 생각해보자. 주식, 특히 서학개미의 글로벌 주식이 글로벌 국가의 국채, 회사채보다 합리적인 선택이 될 수 있을까? 아울러 부동산, 리츠, 금보다 좋은 수익률을 가져다 줄 수 있을까? 주식, 채권, 부동산을 어떤 관점에서 비교하는 것이 좋을지 모르겠지만, 일단 공통분모인 '인컴(income)'이라는 개념을 적용해보자.

    자산가치 상승에 따라 발생하는 수익, 즉 자본 차익을 포함해 비교하는 것이 일반적이지만 자산별로 가격의 변동성이 높은 점을 감안하면 인컴을 고려하는 편도 합리적이라고 생각한다. 자산에서 발생하는 인컴, 즉 고정 수익(주식의 배당, 채권의 이자, 부동산의 임대료 등)을 기반으로 자산 간의 매력도를 한정해 비교해보자. 자산가치 상승을 군이 고려해야 한다면 인컴에 미치는 영향으로 한정해볼

• 인컴의 사전적 의미는 '소득' '수입'으로 직장인이 받는 월급이 대표적인 사례다. 본문에서는 자산에서 발생하는 고정 수익(주식의 배당, 채권의 이자, 부동산의 임대료 등)과 자산가치 상승이 고정 수익에 미치는 영향을 뜻한다.

수 있다. 예를 들어 기업이 돈을 많이 벌어 배당 성향이 상승하고, 펀더멘털이 개선되어 채권 발행 시 금리를 올려가며 성공적인 발행을 이어가고, 자영업이 잘되어 임대료가 올라도 살림살이에 영향을 미치지 않는 상황 등을 고려하면 이해가 쉬울 것이다.[•]

그럼 코로나19 위기가 종식되지 않은 현재의 시장 상황을 기준으로 자산별 인컴으로 매력도를 비교해보자.

주식의 경우 시장 분위기상 일부 기업을 제외하고는 배당률을 전반적으로 탁월하게 높일 여지는 많지 않다고 판단된다. 투자자에게는 수익에 기반한 배당과 배당 성향이 중요하지만, 시장 상황이 불투명해 당분간 긍정적 영향을 기대하기는 어렵다. 유보금을 두지 않고 배당을 선택하는 상황에 대한 비판도 적지 않아 기업들도 배당에 마냥 호의적일 수만은 없을 것이다. 그러나 막상 배당률을 따져보면 국가별로 차이는 있겠지만 서학개미가 사랑하는 미국 S&P500의 배당 수익률은 장기 평균 2% 수준이다. 이는 미국채 10년물의 최고 예상치보다 높다. 유럽은 말할 것도 없다.

채권의 경우 국채는 금리가 어느 수준을 넘어 기대 이상으로 상승한다고 하더라도 기준금리를 올리지 않는 한 폭등의 가능성은 높지 않다(물론 시장이 회복하면서 단기적으로 급등 구간이 존재할 수는 있

• 펀더멘털이란 국가의 경제 상태를 나타내는 가장 기초적인 거시 경제지표를 뜻한다.

다). 안전자산으로서의 매력도 일부 국가에 한정된 이야기이기 때문에 전반적으로 가격 매력이 있다고 보기는 어렵다. 이자 수익이 상승할 가능성이 제한되어 있고, 그렇다고 금리 폭락을 기대할 수도 없기 때문에 가격이 상승할 가능성도 높지 않다. 물론 환율과 선진국 유동성 정책의 영향으로 신흥국 채권의 매력도가 높아지는 상황은 그나마 긍정적으로 보인다. 또한 국채에서 시선을 돌려 회사채의 스프레드 수준 및 추이를 보면, 기술력이 좋고 산업 전망이 밝은 우량 섹터와 기업은 투자하기에 나쁘지 않다고 본다.* 기업의 경우 여전히 시장 수요가 높다는 점에서 투자등급의 회사채는 투자해볼 만하다. 즉 채권은 전체적으로 인컴 매력도가 낮다는 단점이 있지만 몇몇 신흥국 자산, 회사채 등의 인컴 매력도는 나쁘지 않다고 본다.

부동산의 경우 각종 규제나 투자 환경에 따른 외부적 요인을 계산에서 빼더라도 녹록지 않다. 공유 부동산이 어려움을 겪고 있는 현실만 봐도 임대료를 원하는 만큼 올리기 어려운 현실임을 알 수 있다. 또한 코로나19 사태로 자영업과 소규모 사무실이 흔들리고 있어 임대료를 제때 받기는 힘들 것이다.

마지막으로 금을 비롯한 나머지 '상품'의 경우 이러한 비교는

---

* 스프레드란 채권 발행 시 신용도에 따라 기준금리에 덧붙이는 가산금리를 의미한다. 스프레드는 신용도가 높을수록 낮고, 신용도가 낮을수록 높다.

앞서가는 서학개미를 위한 해외주식 투자지도

원칙적으로 어려워 따로 다루지는 않겠다. 왜냐하면 원자재 자산에는 배당이 별도로 없기 때문이다.

결론적으로 과거와 같은 방식으로 주가의 밸류에이션을 가늠하는 방법이 더 이상 유효하지 않을 수 있다. 눈을 돌려 인컴 수익을 기준으로 투자자산을 판단해보자. 인플레이션이 생기더라도 국채 금리는 이미 떨어져 있어 올라가는 데 한계가 있고, 그에 따라 안전자산인 국채의 인컴 수익 매력도는 제한적이다. 게다가 추가 금리 하락에 따른 자본 차익을 기대하는 것도 무리다. 안전마진과 같은 부동산의 임대료도 코로나19 사태 등의 변수로 큰 상승폭을 기대하기 어렵다. 또한 부동산 가격이 오른다는 것은 수익률의 하락을 의미한다. 그나마 주식의 배당이 나은 이유는 배당 성향에 대한 담보는 없지만 적어도 채권의 이자보다는 높고, 우량 기업의 경우 부동산 임대료보다 안정적이기 때문이다. 자본 차익을 고려하지 않고도 말이다. 물론 시장에 풀린 돈을 고려해서 금을 외칠 수도 있고, '버블'이라는 단어에 놀라 "주식 말고 채권이 낫다."는 말에 더 귀를 기울일 수도 있다. 하지만 '가격'을 최대한 배제하더라도 필자는 '인컴' 관점에서 보면 아직까진 주식이 가장 나은 것 같다. 물론 이전보다 변동성이 훨씬 높아진 만큼 흔들리지 않는 끈기와 탁월한 선구안이 필요한 상황이다.

세상에
공짜는 없다

"세상에 공짜는 없다."라는 말을 투자에 대입하면 그 유명한 '하이 리스크 하이 리턴(high risk high return)'이 된다. 큰돈을 벌기 위해서는 그만큼 큰 위험을 감수해야 한다는 뜻인데, 필자는 이 말이 절대적 진리는 아니라고 생각한다. 우선 큰 위험을 감내한다고 해서 반드시 큰돈이 생긴다는 보장은 절대 없고, '위험'이라는 정의도 매우 애매하기 때문이다.

'큰돈' '위험'은 상대적인 개념이다. 투자자 개개인의 경험, 재산 상태, 심지어 심리 상태도 다르기 때문이다. 옆집 사는 철수한테는 '로우 리스크 로우 리턴(low risk low return)'인 투자처가 앞집 사는 영희한테는 '로우 리스크 하이 리턴(low risk high return)'

일 수 있다. 따라서 투자자는 본인이 감내할 수 있는 크기의 리스크와 본인이 만족할 수 있는 합리적인 수익률을 정립하는 것이 중요하다. 물론 그런 기준이 있어도 상승장에서는 더 욕심을 낼 것이고 죽을 만큼 떨어지는 하락장에서는 축소되겠지만, 그래도 오랜 고민 끝에 '기준'이라는 것을 세워놓으면 요긴한 판단의 근거가 될 수 있다. 이는 '평생 투자'를 위한 가장 중요한 철학 중 하나다.

흑묘백묘의 오류를 범하지 말자

투자자 각자가 처한 상황, 그러니까 '상대적 차이'가 기준을 수립하는 동인이 될 것이다. 투자방법 또한 이 '상대적'이라는 관점에 영향을 주는 요소다. 자칫 본인의 상황만 고려하면 '흑묘백묘(黑猫白描)'의 오류에 빠질 수도 있다.* 필자는 개인적으로 흑묘백묘라는 단어를 별로 좋아하지 않는데, 가끔씩 이를 두고 덩샤오핑(Deng Xiaoping)의 뜻을 왜곡해 '원칙'을 깨고 '유연성'만을 강조하는 방향으로 확대 해석하는 사람들이 많기 때문이다.

• 흑묘백묘는 검은 고양이든 흰 고양이든 쥐만 잘 잡으면 된다는 뜻이다. 덩샤오핑이 중국의 개혁과 개방을 이끌며 제창한 말이다.

예를 들어 똑같이 1천만 원을 중국주식에 투자한다고 했을 때, 펀드에 투자하는 것과 개별 주식에 직접투자하는 것은 매우 큰 리스크 차이가 있다. 공모펀드라는 방법을 택한다면 펀드매니저의 개별 능력에 따른 차이는 있겠지만, 이들은 투자를 업으로 삼는 전문가들이기 때문에 자산을 비교적 합리적으로 관리할 수 있다. 그러나 만약 스스로 중국주식을 찾아 후강퉁으로 투자한다면 어떻게 될까?* 중국 회사의 회계장부와 사업성, 중국이라는 거대한 나라의 시황을 스스로 얼마나 분석하고 공부했는지에 따라 리스크가 결정될 것이다. 같은 1천만 원을 투자해 50만 원이라는 이익을 얻었다고 해도 숨겨진 리스크를 고려하면 이야기는 달라진다.

다른 예시를 한번 살펴보자. 중국주식에 1천만 원을 투자한 A와 미국주식에 1천만 원을 투자한 B가 있다고 가정해보자. A와 B 둘 다 1년 뒤 50만 원의 수익을 얻었다면, 리스크를 고려했을 때 중국주식 투자에서 얻은 수익은 미국주식 투자에서 얻은 수익보다 적다는 평가를 받을 수밖에 없다. 왜냐하면 중국주식의 변동성은 미국주식의 3배 수준이기 때문이다. '하이 리스크 하이 리턴'의 관점을 적용하면 중국주식 투자는 성공적인 투자가 아니었다고 해석될 여지가 있다. 투자 전략의 차이는 '변동성'이라는 요소로 리스크

• 후강퉁은 홍콩 및 해외 투자자가 홍콩거래소를 통해 상하이 주식을 매매할 수 있는 제도다.

를 측정해 환산이라도 할 수 있지만, '투자방법'은 계량화하기가 어렵다. 따라서 흑묘백묘의 오류, 즉 '원칙을 깬 유연성'이 개입할 여지가 높아지는 것이다.

📊 올바른 유연성은 따로 있다

시야를 넓게 옮겨보자. 흔히 사람들은 주식이 하이 리스크 하이 리턴을 대변하는 반면, 채권은 그렇지 않다고 여긴다. 하지만 채권이 지난 10년간 어떤 움직임을 보였는지 지금이라도 제대로 안다면 땅을 치고 후회하는 투자자들이 많을 것이다. 특히 주식만을 고집하는 개인투자자들은 정말 많이 후회할지 모른다.

미국 초장기 국채 ETF는 지난 10년간 2배가 넘게 상승했고, 이머징 채권 ETF는 지난 10년간 연평균 6~7% 상승했다. 각 나라 정부가 발행한 안전한 채권('무위험'까지는 아니더라도 그에 준하는 채권)에 투자한 결과를 보면, 그동안 자신이 얼마나 큰 위험을 무릅쓰고 주식에만 투자했는지 새삼 깨닫게 될 것이다.

올바른 '유연성'을 발휘해 투자방법에 적용해보자. 만약 미국 주식에 투자하되 채권에도 함께 투자했다고 가정해보자. 만기가 20년 이상인 미국 초장기채와 미국 S&P500에 동시에 투자했다고

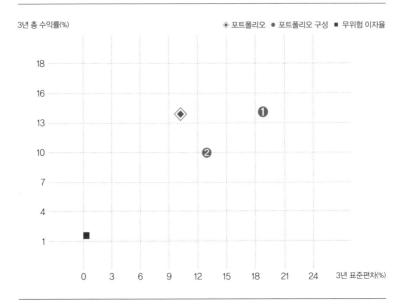

3년 총 수익률(%) ◈ 포트폴리오 ● 포트폴리오 구성 ■ 무위험 이자율

가정하면 그 놀라움은 배가 된다. 물론 여기에는 중간에 원칙을 어기고 브라질 채권 등으로 흑묘백묘를 외치며 뛰쳐나가지 않는다는 가정도 포함된다.

위험조정 성과(sharp ratio)를 비교한 그래프를 보자.[*] ①은 S&P500을 추종하는 SPY(SPDR S&P500) ETF, ②는 20년 이상 만기의 미국 초장기채에 투자하는 TLT(iShares 20+ Year Treasury

---

• 위험조정 성과란 표준편차를 이용해 펀드의 성과를 평가하는 지표로 샤프지수라고도 한다.

bond) ETF다. 두 자산을 6:4 비중으로 동시에 투자한 포트폴리오는 15년 이상의 투자 기간 동안 매년 10% 수준의 수익률을 나타낸다. S&P500의 3년 변동성이 2020년 말 기준 17~18% 수준이고, 위험조정 성과가 0.7 수준임을 고려할 때 포트폴리오의 변동성은 상대적으로 안정적이다. 또한 리스크를 고려한 위험조정 수익률의 상승은 인상적이다.

결론은 채권이라고 해서 꼭 '로우 리턴'이 아니며, 주식이라고 해서 꼭 '하이 리턴'을 담보하지 않는다는 것이다. 재미있는 것은 그나마 합리적인 투자자들은 하이 리스크 하이 리턴을 고려하는 반면, 아직까지도 많은 이들이 '노 리스크 하이 리턴(no risk high return)'을 바란다는 것이다. 즉 마치 흑묘백묘를 외치듯이 공짜를 선호하는 심리가 팽배하다.

확률에 기반한 수익률을 고려하면 로또 열풍이 얼마나 어처구니없는 상황인지 알 수 있다. 우리가 로또 1등에 당첨될 확률은 약 '1/815만'이다. 확률을 계산하면 다음과 같다.

$$6/45 \times 5/44 \times 4/43 \times 3/42 \times 2/41 \times 1/40$$

로또 1장이 1천 원이고 1등이 10억 원 정도를 받는다고 가정하면, 10억 원을 받아도 수학적 기대치에 따르면 로또 1장당 887원의 손해를 보는 셈이다. 물론 당첨금에서 제하는 세금과 2~

4등이 될 확률도 고려해야 한다. 로또는 손해가 자명한 투자임에도 불구하고 사람들은 이 돈으로 해외주식 펀드에 정기적으로 투자하기보단 로또를 산다. 말도 안 되는 '하이 리스크 하이 리턴'이라는 평계를 붙여가며 말이다.

왜 연준은 그 많은 돈을
시장에 풀었을까?

해외주식 투자를 고려하고 있다면 가장 중요한 포인트는 연준의 스탠스일 것이다. 2008년 글로벌 금융위기 이후 시장에 연준의 막대한 유동성이 유입되면서 펀드매니저들과 애널리스트들은 그간의 자산관리 방식과 해석방법 등 많은 부분에서 변화를 맞이했다. 2008년 전까지만 해도 오랜 기간 동안 연준의 유동성은 1조 달러에 미치지 않았기 때문이다.

설립 이후 쭉 자산 확대에 보수적인 입장을 견지해오던 연준이 입장을 순식간에 바꾸면서 많은 의구심이 뒤따를 수밖에 없었다. 물론 금융위기 이후 락다운이라는 사태가 시장의 연쇄 도산 등의 불확실성을 불러올 수 있기 때문에 자산의 확대 및 유동성 공급

▶ 미국 소비자판매지수(2020년 6월)

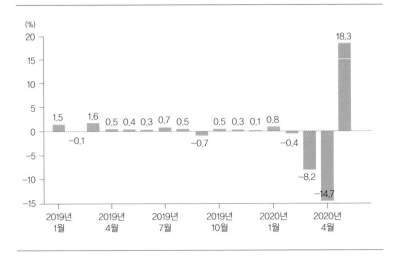

이 반드시 필요하다는 주장에는 이견이 없었다.* 그러나 '이 정도까지 했어야 하나?'라는 의구심이 드는 것은 사실이다.

2020년 6월 발표된 미국 소비자판매지수를 보면 보복 소비에 대한 확신을 가질 수 있었다. 코로나19 사태에도 불구하고 상승하는 리테일 기업, 온라인 판매 기업들의 주가를 보면 그 확신은 틀린 게 아니었다. 하지만 연준은 이러한 근거에도 불구하고 유동성 공급을 멈추지 않았다.

• 락다운은 사람들의 이동을 제재하는 '봉쇄령' '이동 제한령'을 뜻한다. 2020년 코로나19 사태 확산을 막기 위해 전 세계 많은 국가들이 락다운 조치를 취했다.

앞서가는 서학개미를 위한 해외주식 투자지도

연준은 무엇이 두려운 걸까? 경제의 불확실성을 이용해 따로 하고 싶은 일이 있었던 것은 아닐까? 연준이 코로나19 사태가 터진 이후 가장 먼저 한 일은 금리를 제로까지 낮추고 단기 유동성을 공급하는 일이었다. 미국을 시작으로 각국의 정부는 일제히 비슷한 정책을 시행했다. 그리고 2분기가 지나 가장 적극적으로 유동성 공급을 한 국가부터 바닥을 잡기 시작했다.

📈
연준의
숨겨진 의도

금리 인하를 포함한 유동성 공급 정책과 그 추진 속도는 국가별 경제 상황을 평가하는 하나의 요소로 자리매김했다. 실제로 금리 인하와 유동성 공급 정책으로 인해 정부 지출이 증가하고, 개인에게까지 부양 정책을 시행하면서 소비에도 직접적인 영향을 주었다. 중앙은행에서 촉발된 통화 정책이 재정 정책으로 이어져 GDP의 하락을 틀어막은 것이다. GDP와 그 성장률은 해당 국가의 국력으로 대변될 수 있는 데이터다. 특히 미국의 국력은 전 세계 대장 노릇을 하게 만든 기축통화 '달러'의 권위와 매우 밀접한데, 든든한 국력이 뒷받침되지 않으면 기축통화는 한순간에 그 권위를 상실할지 모른다. 미국 달러에 패권을 내준 영국 파운드의 역사가 그 근거다.

　연준은 이번 위기를 이용해 달러라는 기축통화의 위상을 한층 더 높여 국력을 강화하는 계기로 삼은 게 아닐까? 합리적인 의심을 해볼 만하다. 미국은 다른 나라와 달리 '달러'를 찍을 수 있는 유일한 나라이기 때문이다. 돈을 풀어 도모하는 부양 전략이 실효성이 있다면 미국만큼 이 전략을 제대로 구사할 수 있는 나라는 없을 것이다.

　2020년 3월 5일, 코로나19로 인해 세상이 망할지도 모르는 위기 속에서도 OPEC+(석유수출국기구와 10개 주요 산유국의 연대체)의 사우디아라비아와 러시아는 자국의 영향력 확대를 위해 위험한 베팅을 한다. 사우디아라비아와 러시아는 원유 생산량 증대 여부를 두고 대립했는데, 이는 철저한 자국 중심의 전략이자 신흥국의 붕괴는 아랑곳하지 않겠다는 이기적인 전략이었다. 하지만 본래 외교를 포함한 국제 통상은 철저히 이기적이어야 하는 것이 원칙이다 보니 누구도 탓할 수 없는 일이다. 사우디아라비아와 러시아가 촉발한 유가 전쟁은 마이너스 유가를 만들어내며 시장을 공포로 몰아넣었다. 이 상황에서 연준은 기회를 놓치지 않았고, 자산을 확대하고 달러를 시장에 공급하며 다른 나라와 경제 규모 차이를 확대할 수 있는 발판을 마련한다. 여기까지는 모두가 다 아는 사실이다. 유동성을 증가시킨 연준의 숨겨진 의도에 주목해야 한다.

유동성 증가는
연준의 경고장

의구심을 '미래에 대한 생각'으로 확대해보자. 이렇게 풀어놓은 달러는 시간이 갈수록 '가격'을 상승시키기 마련이다. 이미 2021년 초 기대인플레이션율(BEI; BreakEven Inflation Rate)은 2%를 넘어섰다.* 재화는 그대로인데 돈이 많아지니 가격은 올라간다. 즉 물가를 올려 1달러를 주고 살 수 있는 빵의 가격을 1.5달러로 만드는 것이다.

그뿐만이 아니다. 달러는 미국에만 머물지 않고 이머징 시장으로도 거침없이 나아간다. 국가 간 체결한 스왑 거래를 바탕으로 연준은 미국 국채를 기반으로 이머징 시장에도 달러를 공급하는데, 이 달러는 이머징 시장의 경제에 활력을 불어넣어 제조업 및 투자 활성화에 밑거름이 된다. 이머징 국가들은 이를 바탕으로 열심히 물건을 만들어 다시 미국에 내다 팔고, 미국은 이를 되사며 소비를 일으킨다. 즉 이머징 시장에 풀어놓은 달러는 통상 과정에서 재화 및 자산의 가치를 올리게 된다.

• 기대인플레이션율은 금융 시장의 주체들이 예상한 인플레이션율을 뜻한다. 보통 국고채와 물가채의 금리 차이를 바탕으로 산출된다.

물가가 너무 비싸지면 미국인들이 소비를 못 할 수도 있다. 그래서 코로나19 관련 지원금으로 가구당 수천 달러가 지원되었고, 그 결과 GDP의 70%에 해당하는 소비 성장이 이뤄진다. 뿌린 돈은 개인 소비, 정부 지출의 GDP 항목을 상승시키고 숫자만 보면 'GDP 성장률의 회복' '국력 향상'이라는 멋진 결과가 도출된다. 달러 가치의 하락이 미국 경상수지 개선을 야기하는 것은 알파의 효과다. 이 모든 과정을 통해 연준은 달러의 패권을 보호한다.

물론 계획대로 되지 않을 가능성도 있다. 풀린 돈으로 소비를 촉진하고 가격이 상승할 수 있으나, 그 과정에서 생산이 늘어나지 않거나 풀린 돈 자체가 저축으로만 이어지면 문제가 발생할 수 있다. 이는 '스태그플레이션(stagflation)'으로 이어질지 모른다.* 경기 회복 및 성장 없이 인플레이션이 발생하면 1만 원짜리 빵을 100만 원을 주고 사는 최악의 상황이 올 수도 있다. 그러나 미국이 스태그플레이션을 겪을 것 같지는 않다. 코로나19 사태 이전까지 지난 10년간 연준의 자산이 3조 달러 상승하며 집과 주식 등의 '가격'이 올랐음에도 불구하고, 스태그플레이션을 야기하는 급격한 인플레이션의 전조는 찾아볼 수 없었기 때문이다.

• 스태그플레이션이란 경기 침체를 뜻하는 '스태그네이션(stagnation)'과 물가 상승을 뜻하는 '인플레이션(inflation)'의 합성어로, 불황에 물가 상승이 동시에 발생하는 상태를 말한다.

앞서가는 서학개미를 위한 해외주식 투자지도

미국은 달러 수요가 전 세계에 퍼져 있는 점을 이용해 자금을 마음껏 풀고 성장률을 가속화시킨 것으로 보인다. 성장률이 떨어져 국력이 약해지면 앞서 언급했던 영국의 사례처럼 기축통화의 패권을 내놓아야 하기 때문이다. 반대로 이때 국력을 견고하게 만들면 그 누구도 자리를 넘볼 수 없게 된다.

필자는 연준이 유럽은 물론이고, 러시아와 중동 국가들, 중국이 항상 자리를 노리고 있다는 우려 때문에 달러를 시장에 공급했다고 생각한다. 만약 미국이 성장률 회복이라는 소기의 목적을 이루고 달러를 거둬들인다고 생각해보자. 조심스럽게 연준이 코로나 19 사태를 계기로 세계 각국에 경고장을 보냈다는 의심을 해본다.

시장의 위험을
알아챌 수 있는 지표

누구나 '그때 풋옵션(put option)을 좀 사놨더라면 좋았을 텐데.' 하는 행복한 상상을 해본 적이 있을 것이다. 같은 맥락에서 '그때 현금이 있었어야 하는데.' '그때 그 종목을 샀어야 하는데.' 하는 생각도 하곤 한다. 값이 상승하기 전에 매수했어야 한다는 아쉬움만큼이나 하락 전에 매도하지 못한 아쉬움도 참 크다. IMF 외환위기, 글로벌 금융위기를 거치면서 자산을 배로 늘린 이들의 성공담을 떠올리면 아쉬움은 더 짙어진다.

---

* 풋옵션은 콜옵션(call option)의 반대 개념으로 시장 가격에 관계없이 특정 시점, 특정 가격에 매도할 수 있는 권리를 말한다.

아쉽게도 필자가 아는 한 금융 시장에서 주가의 하락을 미리 알아챌 수 있는 족집게 같은 묘수는 없다. 그래도 다행히 몇 가지 지표를 참고하면 100%까지는 아니더라도 60~70% 정도는 예측할 수 있다.

📈 시황을 통찰하는 몇 가지 지표

실제로 지표들을 조화롭게 섞어 '모델'이라는 것을 만들어 헤지펀드를 운용하는 이들도 있고, 밖으로 내색하지 않고 조용히 운용에 녹여 수익률을 높이는 펀드매니저들도 있다. 거시경제를 예측해 현명하게 대응하는 재야의 고수들도 드물지만 분명 존재한다. 조금 어렵게 느껴질 수도 있지만 필자가 제시하는 지표들을 눈여겨본다면 다음 폭락장 때 새로운 기회가 생길지도 모른다. 잊지 말자. 준비된 자에게는 언젠가 기회가 오게 되어 있다.

1. 크레딧 스프레드

개인적인 생각이지만 채권을 운용하는 사람들은 대체로 주식을 하는 사람들보다 아는 게 많다. 어렸을 때부터 매크로 지표를 보는 일이 습관화되어 있고, 데이터에 의존하는 습성이 있어 논리적인 성향이 강하다.* 하지만 아는 만큼 보인다고, 상대적으로 투자에 보수적인 경향이 있다. 보수적인 경향은 리스크에 민감하다는 말과도 같은데, 특히 회사채에 투자할 때는 그 성향이 더욱 부각된다. 물론 투기등급이라고 불리는 하이일드 채권에 투자하는 펀드매니저들은 말할 것도 없다. 사실 보수적인 채권매니저들이 '투기'라는 단어가 붙을 법한 자산에 투자하는 것은 그 자체로 모순이지만, 그래도 그 레벨에서 그나마 괜찮은 채권을 골라 묶어서 부르는 말이 '하이일드 채권'이 아닌가.

'하이일드(high yield)'라는 말은 높은 이자를 뜻한다. 기업의 채권은 등급에 따라 위험이 0에 가까운 국채보다 이자를 얼마나 더 주는지 결정되는데, 이러한 등급은 글로벌 대형 신용평가사가 내려주기도 하고 크레딧 애널리스트의 분석에 따라 정해지기도 한다. 그래서 하이일드 채권은 시장의 변화에 매우 민감하다. 분명 채권이고 소위 '채권쟁이'에 의해 다뤄지지만 주식의 성향을 지니고 있다. 주식 인덱스와 가격 흐름을 비교해봐도 쉽게 알 수 있다.

특히 2008년 글로벌 금융위기 이후 미국 투기등급 하이일드 채권 ETF와 S&P500을 추종하는 ETF는 수익률 측면에서 유사한 흐름을 보인다. 실제로 많은 전문가들이 글로벌, 미국 하이일드

• 주요 매크로 변수로는 정량적 변수(금리, 환율, 경상수지 등)와 정성적 요인(외교, 정치적 안정성 등)이 있다.

앞서가는 서학개미를 위한 해외주식 투자지도

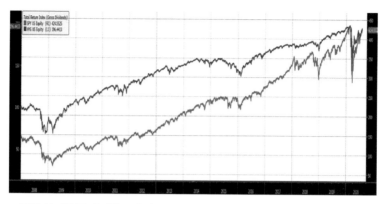

▶ 미국 투기등급 하이일드 채권 ETF(남색)와 S&P500을 추종하는 ETF(붉은색)의 수익률 추이

채권으로 자금의 흐름, 가격 등을 면밀히 모니터링하곤 한다. 더불어 하이일드 채권에 미치는 요소들을 바탕으로 시장 위험을 측정하는데, 그러한 관점이 잘 반영되는 지표가 크레딧 스프레드(credit spread)다.＊ 소위 '주식쟁이'의 관점에서는 해당 지표로 보수적 투자자를 대표하는 채권매니저들의 민감도를 확인할 수 있다.

채권 신용등급의 'Baa3' 'BBB-'를 하회하면 투기등급, 즉 하이일드 채권이 된다. 하이일드 채권 ETF, 주요 관련 펀드 내에는 'Ba2' 'BB' 신용등급의 하이일드 채권이 주를 이루고 있다. 따라서 BB등급의 크레딧 스프레드를 면밀히 모니터링하면 위험 신호를

• 크레딧 스프레드의 사전적 의미는 '만기는 같지만 신용등급이 다른 두 채권 사이의 수익률 차이'다.

무디스	스탠더드앤드푸어스	피치
Aaa	AAA	AAA
Aa1	AA+	AA+
Aa2	AA	AA
Aa3	AA-	AA-
A1	A+	A+
A2	A	A
A3	A-	A-
Baa1	BBB+	BBB+
Baa2	BBB	BBB
Baa3	BBB-	BBB-
Ba1	BB+	BB+
Ba2	BB	BB
Ba3	BB-	BB-
B1	B+	B+
B2	B	B
B3	B-	B-
Caa	CCC	CCC
Ca	CC	CC
C	C	C
-	D	D

감지할 수 있다. BB등급 크레딧 스프레드 그래프를 살펴보자. 전 고점을 넘은 2020년 3월 초와 2019년 1월을 보면 주식 시장의 변 동성 구간임을 알 수 있다. 주식 시장이 어려웠던 2015년을 보면

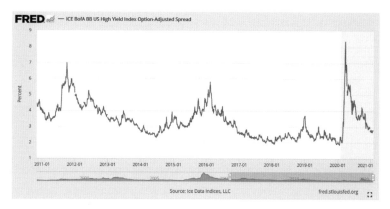

▶ BB등급 크레딧 스프레드 그래프

지속적으로 크레딧 스프레드가 상승해 높은 수준을 유지했다는 사실을 알 수 있다. 언제든 하이일드 채권의 스프레드 그래프가 상승하면 주식 시장에 변동성이 올 수 있음을 알아두자.

2. 장단기 금리차

해외주식을 논하는 책에서 채권을 계속 언급하다 보니, 그만큼 주식이 별것 없다는 뜻으로 비칠 수도 있지만 그건 아니다. 채권 역시 주식과 마찬가지로 기업의 가치를 나타내는 대표적인 요인 중 하나이고, 기업은 은행도 이용하지만 채권 시장을 통해 자금을 융통하는 경우가 많다. 그래서 주식 시장을 예측하기 위해서는 채권과 금리를 간과해선 안 된다. 쉽게 말해 단기로 자금을 시장에서 빌려와 장기로 자금을 운용하는 금융기관의 생리를 알고 있으면 주식 시장을 이해하는 데 큰 도움이 된다. 장단기 금리가 축소되면 '금융기관이 휘청이겠구나.' 하는 식으로 말이다.

금융기관의 입장에서 생각해보자. 받을 이자(장기)는 줄어드는데 줘야 할 이자(단기)가 늘어나면 역마진이다. 따라서 장단기 금리가 역전될 경우 짧으면 수개월, 길게는 1년여 후에 경제적으로 위기가 찾아오는 경우가 많다. 물론 각국의 중앙은행이 '홍반장' 역할을 해온 지난 10년 동안은 장단기 금리 역전이 시스템 리스크로 확대된 적은 없었다. 그래서 '조심해야 할 지표' 수준으로 치부되기도 하지만, 중앙은행의 대응이 조금이라도 늦었다면 큰일이 날 수도 있었다.

사실 코로나19 사태 이전에도 그 시그널이 있긴 했는데, 이를 두고 코로나19 사태 때문이 아니라 경제사이클상 고점을 넘어가면서 나타난 현상이라고 해석하는 경우가 많았다. 물론 결과적으로 '금리 역전에 맞춰 미리 조심스럽게 대응했다면 하락장에 도움이 되지 않았을까?' 싶기도 하지만 그건 누구도 알 수 없는 일이었다.

2018년 12월, 해서는 안 되었을(?) 마지막 금리 인상을 끝으로 시장은 'R의 공포'에 휩싸였다.* 미·중 무역분쟁이 원인이었는데, 미국의 제조업 지표가 하락하고 중국이 경제성장률을 낮춰 잡으면

---

* 장단기 금리가 역전되면서 시장은 경기 침체에 대한 두려움에 빠졌는데, 이를 R (recession)의 공포라 한다.

앞서가는 서학개미를 위한 해외주식 투자지도

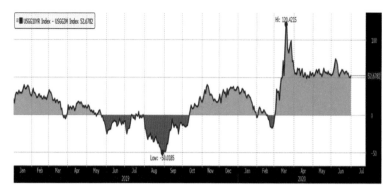

▶ 미국채 10년물과 미국채 3개월물의 이자율 차이 그래프

▶ 미국 기준금리와 S&P500 추이 그래프

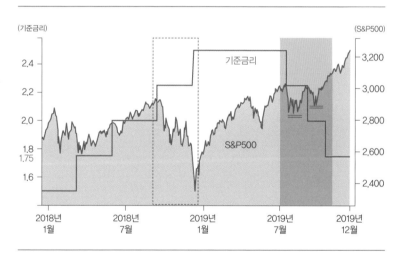

서 장단기 금리가 역전되는 현상이 벌어졌다.

2019년 미국채 3개월물의 이자율이 미국채 10년물의 이자율을 상회하는 역전 현상이 나타났으며, 2020년 코로나19 사태로 인한 증시 급락 이전(2월 말)에도 유사한 상황이 발생했다. 물론 전 연준 의장 재닛 옐런(Janet Yellen) 등 왕년의 현자들이 금리 인상을 멈추라는 메시지를 남기면서 파월도 여론을 따를 수밖에 없었고, 오히려 7월부터는 보험성 금리 인하를 하면서 경기 침체 가능성을 낮춰버리는 결과를 낳았다. 금리는 시장을 견인한다. '개월물'을 떠나서 일단 '역전' 현상이 발생하면 방어를 취하는 게 우선이라는 시그널은 틀린 적이 없었다.

3. 위안화 환율

미국의 아성에 중국이 대항하고 있다. 도널드 트럼프(Donald Trump)의 시대가 저물어 다른 가능성이 펼쳐질 수도 있지만 중국은 분명 고개를 들었다. 개인적으로 시진핑(Xi Jinping)이 도광양회(韜光養晦)라는 덩샤오핑의 유훈을 따랐다면, 즉 10년만 더 고개를 숙였다면 중국이 더 유리하지 않았나 싶다.* 이미 미국은 플라자 합의를 통해 일본과 독일에 '본때'를 보여준 적이 있어 이번에도 비슷한 수순을 밟을 것으로 보인다. 하지만 그때와 다른 점은 중국이 예상외로 만만치 않다는 점이다.

중국은 미국이 일본과 독일을 어떻게 다뤘는지 봤기 때문에

---

* 도광양회는 1980년대 중국의 대외 정책을 일컫는 용어다. 자신의 재능, 명성을 드러내지 않고 참고 기다린다는 뜻이다.

미리 대응 전략을 세웠을 것이다. 또한 일본보다 내수 시장도 크고, 제조업 기반도 튼튼하다. 물론 기술이 없기 때문에 발전 속도 측면에서 뒤처져 있지만, 그동안 기술력이라는 아킬레스건에 많은 근육을 붙였다. 필자는 그 결과의 총아가 '화웨이'라고 본다.

싸움의 경과나 방식에서 투자법의 단서를 얻을 수도 있겠지만, 일단 싸움이 간헐적이기 때문에 투자자는 변동성부터 대응해야 한다. 결국 싸움이 벌어지면 약자에게서 먼저 티가 나듯이 미국보다 중국에서 먼저 변화가 감지되었다. 특히 환율, 즉 위안화에서 그 단서를 잡을 수 있다. 위안화의 가치가 떨어지면 싸움이 본격적으로 시작되었다고 볼 수 있으며, 위안화의 가치가 상승하면 별일 없다고 볼 수 있다.

위안화의 가치가 정세를 반영한다는 생각은 두 가지 측면에서 뒷받침된다. 우선 중국이 상대적으로 강한 미국과 붙으면 어떤 식으로든 불이익을 받거나 불확실성에 직면한다고 보기 때문에 환율의 가치가 떨어진다고 보는 게 맞다. 그다음 중국은 아직 시장을 완전히 개방하지 않고 환율도 정부에서 조정하는 것이 정설이므로, 위안화 가치가 절하된다는 것은 중국이 환율을 낮춰 수출을 확대하겠다는 의지를 보인 것과 같다. 즉 경제 충격을 완화하기 위해 환율을 낮춘 것으로 해석할 수 있다. 2018년부터 발생한 미·중 무역분쟁을 기준으로 위안화 환율의 움직임을 보면 상기 의견에 대한 내용을 확인할 수 있다.

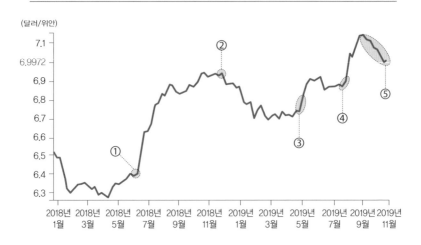

위안화 환율의 움직임을 보면 미·중 무역분쟁에 대응하는 선행지표가 위안화 환율임을 알 수 있다.

①: 2018년 6월 3일, 미·중 무역분쟁이 본격화. 첫 관세 부과 이후 추가로 관세를 부과한 2018년 7월 6일 직전부터 이미 위안화 절하 시작

②: 2018년 12월, 관세 유예 합의 이후 위안화 절상 기조 시작

③: 2019년 5월, 2천억 달러 규모의 관세를 부과하자 다시 위안화 절하 시작

④: 2019년 8월, 9월부터 3천억 달러 규모의 관세를 부과하자

위안화 절하 시작

⑤: 무역 합의 가능성이 커지자 위안화 절상 기조를 보이기 시작

미·중 무역분쟁이 마무리되지 않았음에도 불구하고 중국 위안화가 코로나19 사태를 전후로 1달러 6위안대 중반까지 강세를 보인 이유는 코로나19 사태를 가장 먼저 극복한 점이 주효한 것으로 보인다. 반대로 미국과 유럽이 중국 수준까지 코로나19 사태를 극복하기 위해서는 더 많은 시간이 필요하다는 시장의 인식이 반영된 결과라고 볼 수 있다. 같은 맥락에서 약세 기조를 유지할 달러에 대한 상대적 가치도 물론 염두에 둬야 한다. 다만 2020년 5중전회에서 발표된 중국의 '쌍순환 전략'에 기반한 내수 부양 의지를 상기하면, 중장기 자강 전략을 구체화했다는 점에서 더 이상 위안화 절하가 효과를 보지 못할 수도 있겠다는 생각이 든다.*

4. 그 외: VIX지수, CBOE 풋콜 비율

VIX(Volatility Index)지수는 S&P500 옵션 가격의 향후 30일 변동성에 대한 시장 기대를 반영한 지표다. 시카고옵션거래소

• 5중전회는 18기 시진핑 정부의 다섯 번째 중앙위원회 전체 회의로, 정확한 명칭은 '제18기 중앙위원회 제5차 전체 회의'다. 쌍순환 전략은 기존의 수출 주도 전략에서 벗어나 '내수 시장 증진+대외 개방 확대'를 꾀하는 전략으로, 양적 성장에서 질적 성장으로 노선을 바꾸겠다는 목표를 담고 있다.

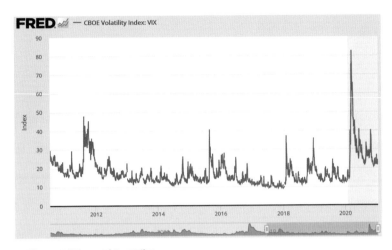

▶ 최근 10년간 VIX지수 그래프

(CBOE)에서 1933년부터 제공하고 있다. 주식 시장의 변동성이 확대되면 리스크 헤지를 위해 투자자들의 옵션 수요가 증가하는데, 이에 따라 옵션 가격이 상승하면 VIX지수도 상승하게 된다. 그래서 S&P500과 반대로 움직이는 특성이 있다. 시장이 하락할 때 상승하므로 투자자들의 공포감을 반영한다는 뜻에서 '공포지수'라고도 불린다. 예를 들어 VIX지수가 20이라면 향후 30일간 주가가 20% 등락의 변동성을 보일 것이라고 해석한다.

VIX지수는 시장의 단기 상황을 알아보는 데 유효하다. 특히 30일 이내 기간의 변동성을 예측하는 데 요긴하며, 그 추이 또한 시장의 등락을 예측하는 데 큰 도움이 된다. 투자자들은 하락 시 풋옵션 거래를 통해 시장의 변동성에 대응하려는 경향이 강하기 때문에

앞서가는 서학개미를 위한 해외주식 투자지도

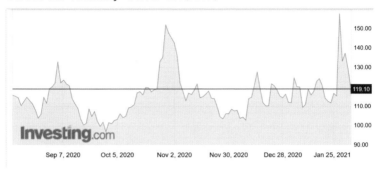

CBOE Vix Volatility 119.10 0.00 (0.00%)

▶ VVIX지수 그래프

VIX지수가 단기적으로 적시 반응하는 경우가 많다. 또한 시장의 상승장보다는 하락장에서 주가의 반응이 더 민감하게 나타나는데, 옵션의 매도 가격이 높은 점을 생각해보면 이해가 쉬울 것이다.

보통 20~30을 기준으로 고변동성과 저변동성을 구분한다. 30 이상이면 고변동성장에 진입했다고 보는 것이 맞고, 20 이하면 그나마 시장의 변동성이 낮다고 본다. 그런데 더 중요한 것은 추이다. 1997년 IMF 외환위기 때만 해도 40 수준이었던 변동성은 2008년 글로벌 금융위기 시기에는 90 수준까지 상승했고, 이번 코로나19 사태 및 유가 하락에 따른 변동성장에서는 100까지 상승했다.

VIX지수의 추이를 반영한 지표가 바로 VVIX(Volatility of Volatiliy Index)지수이며, 이는 VIX지수의 옵션 변동성을 측정하는 지표다. VIX지수 대비 VVIX지수의 가격이 상승할 경우 변동성이

Cboe Market Summary for Friday, June 5, 2020 📅 Change Date

RATIOS	
TOTAL PUT/CALL RATIO	0.65
INDEX PUT/CALL RATIO	1.16
EXCHANGE TRADED PRODUCTS PUT/CALL RATIO	0.85
EQUITY PUT/CALL RATIO	0.41
CBOE VOLATILITY INDEX (VIX) PUT/CALL RATIO	2.04
SPX + SPXW PUT/CALL RATIO	1.05
OEX PUT/CALL RATIO	0.57

SUM OF ALL PRODUCTS	CALL	PUT	TOTAL
VOLUME	5,351,126	3,488,365	8,839,491
OPEN INTEREST	178,388,172	166,768,013	345,156,185

INDEX OPTIONS	CALL	PUT	TOTAL
VOLUME	1,086,744	1,257,291	2,344,035
OPEN INTEREST	11,550,690	15,567,367	27,118,057

▶ CBOE 풋콜 비율 도표

상승하는 추세라고 봐야 하기 때문에 유심히 살펴봐야 할 데이터다.

시카고옵션거래소에서 발표하는 풋콜 비율 또한 VIX지수처럼 시장의 단기 방향성을 알아보는 데 매우 유효하다. 콜옵션 거래량 대비 풋옵션 거래량을 나타내는 지표로, 1을 상회하면 시장이 하락에 무게를 두고 있다는 의미로 해석할 수 있고 1을 하회하면 상승에 무게를 두고 있다고 볼 수 있다. 시장이 하락할 때면 CBOE 풋콜 비율 또한 1을 훨씬 상회하기 때문에 그 기울기를 보고 위험 자산 익스포저 비중을 조절하면 된다.*

---

* 익스포저란 특정 국가 또는 금융사와 관련된 금액이 어느 정도인가를 말하는 것이다.

시카고옵션거래소 사이트(www.cboe.com)에 접속하면 CBOE 풋콜 비율 도표를 확인할 수 있다.

필자가 운용하는 돈은 누군가의 미래를 대신하는 '노후자금'이나 '연금'일 수도 있는 소중한 자금이다. 그래서 의사결정을 할 때 가장 먼저 시장의 위험자산 선호 레벨을 살펴본다. 필자가 제시한 지표들은 개인투자자의 투자 판단에도 큰 도움을 줄 수 있으니 요긴하게 사용하기 바란다.

2장

선택의
갈림길

투자자의 선택:
시장 추종 vs. 절대수익

시카고대학교 교수이자 노벨경제학상 수상자인 유진 파마(Eugene Fama) 박사는 '효율적 시장가설' 논문을 통해 주식 시장과 관련된 흥미로운 이야기를 들려준다. 그는 몇 가지 가정을 바탕으로 주식 시장이 이미 모든 정보를 반영하고 있다는 것을 입증했고, 이렇게 정보가 반영된 효율적인 시장을 투자자가 이기기란 어렵다고 이야기한다. 물론 반영되는 정보에 따라 시장의 성격을 약형, 준강형, 강형으로 분류하기는 했지만, 이는 결국 투자자가 시장 이상의 성과를 내기는 불가능에 가깝다는 이야기라고 볼 수 있다. 그리고 그의 주장은 지금까지도 많은 이들의 공감을 얻고 있다.

앞서가는 서학개미를 위한 해외주식 투자지도

투자 철학은
다를 수밖에 없다

『해외 주식투자의 정석』에서도 언급했지만 필자 역시 투자를 하면서 시장을 이기는 것은 매우 어렵다고 생각한다. 흔히 "그냥 묻어만 놓았어도"라는 말을 많이 하는데, 그도 그럴 것이 인덱스 기준으로 미국, 유럽, 심지어 일본도 한 10년만 묻어놓았다면 매우 좋은 수익을 얻었을 것이다.

가끔씩 우연치 않게 만나는 개인투자자들의 이야기를 들어보면, 시장에 '장기투자'하는 것에 대해 매우 회의적인 반응을 보이는 경우가 많았다. 대부분 "그 정도 벌겠다고 투자하나." "시장보단 더 벌어야지." 하는 말을 매우 쉽게 하곤 했다. 하지만 그들의 투자 철학이 필자와 다르다고 해서 잘못되었다고 생각하진 않는다. 그저 '이런 분들을 위한 투자방법이 따로 있지는 않을까?' 하는 생각이 들었다.

해외주식 투자를 시작하기 전에 먼저 '시장 추종형 투자'와 '절대수익형 투자'를 구분하고, 본인이 어떤 성향인지 파악해야 한다고 생각한다. 시장을 이길 수 없기 때문에 주식 시장이 어떻게 되든(주로 상승한다고 믿고) 이를 추종하고 싶다면 시장 추종형 투자자가 되어야 한다. 반대로 시장의 성과와 무관하게(운용상에서는 시장과 무관할 수 없지만) 결과적으로 많은 수익을 얻을 수도 있고 적은 수익을 얻을 수도 있지만, 얼마가 되었든 비교적 고정된 수익을 추구하고 싶다면 절대수익형 투자자가 되어야 한다.

당신은 시장 추종자의 길을 갈 것인가, 절대수익 추종자의 길을 갈 것인가? 각기 목적에 맞는 포트폴리오가 따로 있기 때문에 이 부분은 반드시 사전에 결정해야 한다.

나는 어떤
투자자인가?

세상에는 여러 유형의 투자자가 존재한다. '평생 투자'를 목적으로 가치 있는 기업을 찾기 위해 끊임없이 노력하는 투자자가 있는 반면, '한 방을 위해서' 10달러로 떨어진 유가에도 앞뒤 안 가리고 본인 자산의 50%를 과감하게 투자하는 투자자도 있다. 숫자보다는 뉴스에 귀를 기울이는 사람도 있고, 누가 뭐래도 예금을 선호하는 사람도 있다. 이처럼 다양한 투자의 습성 가운데 지금 우리가 고려해야 할 부분은 딱 한 가지다. 바로 투자자로서의 '정체성'이다.

나는 과연 시장을 추종할 수 있는 사람인가? 아니면 시장을 떠나 일정 수준의 기대수익률을 추구하는 사람인가?

상황에 따라 태도를 달리해야 한다고 생각할지도 모른다. 어떤 기간에는 시장과 무관한 투자를 하기도 하고, 어떤 기간에는 시장에 맡기는 투자를 하는 식으로 말이다. 그러나 말이 쉽지, 사실 불가능에 가깝다. 개인적으로는 그 정도 수준이면 이미 '프로'의 경지라고 생각한다. '돈 버는 일'을 직업으로 택한 필자 또한 종종 상황을 분명하게 가릴 수 있을 만큼 명확한 판단이 서지 않을 때가 있기 때문이다.

성향을 판단하는
몇 가지 질문

1. 준무위험자산의 '수익률 5%'에 대한 생각이 어떠한가?

지금은 조금 먼 이야기라고 느껴질지 모르나 은행에서 5% 이상의 이자를 주던 시절이 있었다. 조금 망설여지더라도 머릿속에 '그 정도 수익률이면 된다.'라는 생각이 든다면 '따박따박' 들어오는 인컴을 선호한다는 뜻이다. 따라서 절대수익을 추구하는 편이 낫다. 하지만 '그때 인플레이션이 얼마였지?' 또는 '그해 맥도날드 햄버거 가격이 얼마였지?' 등의 생각이 든다면 이미 시장 속에 있는 투자자다. 이 경우 시장을 추구하는 편이 낫다.

앞서가는 서학개미를 위한 해외주식 투자지도

2. 자유롭게 1년 이상 투자해본 적이 있는가?

달리 자문해보자. 만약 투자해본 경험이 있다면 투자 기간을 떠올려보자. 소위 '물려 있는' 기간을 빼고 자유롭게 1년 이상 투자해본 적이 있는가? 부동산과 주식을 모두 포함해 생각해볼 수 있다. 의도치 않게 물려 있는 기간은 꼭 빼야 한다. 순수 투자라고 생각한 기간이 계절의 변화를 느낄 정도로 긴 기간이었는가? 그리고 그 긴 기간을 거쳐 한 번이라도 수익을 낸 좋은 기억이 있는가? 과거의 투자 경험을 떠올리며 기간과 수익률을 체크해보자. 기간이 길고 수익률도 괜찮았다면 시장에 들어갈 자격이 있는 투자자, 즉 시장 추종자라고 봐도 좋다.

3. 수익률만 vs. 수익률도

마지막으로 금융상품을 볼 때 수익률만 보는지, 수익률도 보는지 살펴봐야 한다. 증권사 또는 은행에서 파는 지수연동형상품(ELS; Equity Linked Security)의 광고를 본 적이 있을 것이다. ELS 투자 여부가 중요한 것이 아니다. 그 광고에서 어떤 항목이 눈에 들어왔는지가 중요하다. 아마 100명이면 100명 모두 수익률부터 볼 것이다. 그리고 기간을 볼 것이다. 세밀한 투자자라면 기초자산, 즉 '무엇을 기반으로 이 정도 수익을 줄까?' 하는 정도만 따져봤을 것이다. 마지막으로 녹인배리어(knock in barrier)를 보고 '그 기초자산이 30% 떨어지겠어? 괜찮은 상품이네.'라는 생각을 했을 수도 있다.[•] 하지만 만약 그다음에 '30% 떨어질 변동성이면 위로도 30% 올라갈 수 있는 거 아니야? 그러면 ELS보다 주식에 투자하는 게 낫지 않나?'라는 생각이 들었다면 이미 무게중심이 시장 쪽에 있다고 봐야 한다.

물론 이 세 가지 질문만으로 투자 성향을 단정 지을 수는 없다. 질문에 대한 반론도 있을 수 있으나 스스로 고민해보자는 의도로 정리한 것이니, 아직까지 고민해본 적이 없다면 진지하게 투자 성향을 점검해보기 바란다.

준무위험자산의 '수익률 5%'가 적게 느껴지는가? 자유롭게 1년 이상 투자해본 적이 있고, 수익률도 괜찮았는가? 금융상품을 볼 때 수익률 외의 다른 부분도 눈에 들어오는가? 이 세 가지 질문을 통해 투자자로서 시장에 대응하는 방법이 편한지, 아니면 시장을 못 따라가더라도 수익 자체가 중요한지 확인해볼 수 있다. 별도로 이 책에서 기술하지는 않았지만 소수의 선별된 우량주, 성장주에 장기투자하는 방법도 존재한다. 개인적으로 이는 투자 경험과 관련 기업에 대한 많은 공부를 필요로 하는 전략이라고 본다. 시장

• 녹인배리어란 옵션 수익 구조가 발생하는 기초자산의 기준점을 뜻한다. ELS의 기초자산 가격이 녹인배리어 미만으로 하락하면 원금 손실이 발생하기 시작한다. 녹인배리어 아래로 하락한 적이 있어도 수익 상환 조건을 만족하면 원금과 수익이 지급된다.

앞서가는 서학개미를 위한 해외주식 투자지도

대응이라는 운용의 영역을 뛰어넘기 때문이다. 자칫 잘못하면 주식과 사랑에 빠지는 치명적인 오류를 범하기 쉽다. 훈련되지 않은 투자자에게는 추천하지 않는다. 결국 투자는 그 누구도 책임져주지 않는 '나'의 소중한 재산을 담보로 하는 것이다. 투자자로서 자신이 무엇을 좋아하는지 알아보는 일은 매우 의미가 있다고 본다.

참고로 보다 정확히 투자 성향을 파악하고 싶다면 투자 성향 분석을 해볼 필요가 있다. 증권사가 제공하는 체크리스트를 통해 고위험 또는 초고위험 상품에 투자할 수 있는 역량이 되는지 점검해보자. 스스로 역량이 된다면 절대수익 추종자의 길을 걸어도 괜찮을지 모른다.

▶ **투자 성향별 가입 가능한 금융상품**(상품 위험도 기준)

펀드	매우 높은 위험	높은 위험	다소 높은 위험	보통 위험	낮은 위험	매우 낮은 위험
펀드 외 상품	초고위험		고위험	중위험	저위험	초저위험
공격투자형 (1등급)	○	○	○	○	○	○
적극투자형 (2등급)			○	○	○	○
위험중립형 (3등급)				○	○	○
안정추구형 (4등급)					○	○
안정형 (5등급)						○

자료: 신한금융투자

▶ 투자 성향 확인 항목

질문	답변
연령대	• 만 65세 미만 □ • 만 65세 이상 □
연간 수입원	• 현재 일정한 수입이 없으며, 연금이 주 수입원임 □ • 현재 일정한 수입이 발생하고 있으나, 향후 감소하거나 불안정할 것으로 예상 □ • 현재 일정한 수입이 발생하고 있으며, 향후 현재 수준을 유지하거나 증가할 것으로 예상 □
총 자산 대비 금융자산 비중	• 5% 이하 □ • 10% 이하 □ • 20% 이하 □ • 30% 이하 □ • 30% 초과 □
파생상품 등 투자 경험	• 없음 □ • 1년 미만 □ • 1년 이상~3년 미만 □ • 3년 이상 □
투자 목적	• 투자 수익을 고려하나 원금 보존이 더 중요 □ • 원금 보존을 고려하나 투자 수익이 더 중요 □ • 손실 위험이 있더라도 투자 수익이 더 중요 □
감내 가능한 위험 수준	• 무슨 일이 있어도 원금은 보전되어야 한다 □ • ±10% 범위 내 감수 □ • ±20% 범위 내 감수 □ • ±30% 범위 내 감수 □
금융지식 수준	• 예적금 외에 다른 상품에 투자해본 적이 없음 □ • 일반적인 상품 정도는 설명만 조금 들으면 투자 여부를 결정할 수 있음 □ • 일반적인 상품은 설명을 듣지 않아도 잘 알고 있으며 투자 판단을 스스로 내릴 수 있음 □ • 파생상품을 포함한 대부분의 상품에 대해 충분히 잘 알고 있음 □

자료: 신한금융투자

앞서가는 서학개미를 위한 해외주식 투자지도

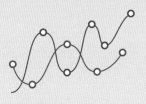

2부

시장 추종자 vs. 절대수익 추종자

주식 시장은 인내심 없는 사람의 돈을
인내심 있는 사람에게 이동시키는 도구다.

_워런 버핏(Warren Buffett)

1장

시장 추종자의
길

시장을 믿고, 장기투자하라

시장 추종자의 길, 즉 시장 추종 포트폴리오에 접근하려면 우선 마음가짐을 달리해야 한다. 그간 나름대로 투자 철학을 쌓아왔다면 다시 원점으로 돌아가 기존의 생각을 정리할 필요가 있다. 필자를 포함해 시장 추종자의 길을 걷는 대부분의 사람들은 기본적으로 스스로 시장을 이길 수 없다고 생각한다. 그냥 딱 한 가지만 기억하면 된다. 바로 '장기적으로 시장은 상승한다.'라는 믿음이다.

컴퓨터 배경화면이나 책상 등 자주 볼 수 있는 곳에 S&P500 20년 차트를 붙여놓길 권한다. '20년이면 너무 긴 거 아니야?' 하는 생각이 들 수도 있지만, 단기간에 10배 이상 벌어서 해외로 놀러 가겠다는 생각에 이 책을 선택하지는 않았을 것이다. 특히 시장

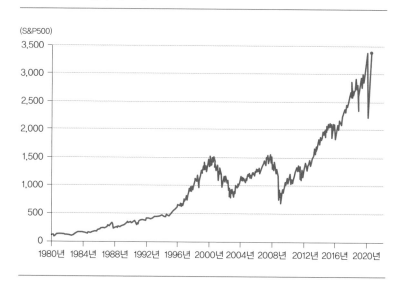

추종자의 길을 선택했다면 더더욱 그렇다. 시장 추종을 하기 위해서는 스스로 은행 이자 이상을 만들어내겠다는 생각으로 자금을 운용해야 한다. 즉 장기투자의 철학을 내재해야 한다.

장기투자에 필요한
합리적인 사고

지수의 추이만으로 미래에도 똑같이 우상향할 것이라는 확신을 가질 수는 없을 것이다. 시장에 대한 믿음은 시장을 이루는 큰 축인

'기업'을 보면서 다지는 것이 가장 좋다. 기업은 매년 목표를 상향 조정하고, 매출을 못 채우면 구조조정을 해서라도 수익을 낸다. 그리고 그마저도 못 할 경우에는 시장에서 퇴출된다. 우리가 투자할 글로벌 시장은 중국, 베트남 등을 감안하더라도 순수(?) 공산주의 시장이 아니기 때문에 정도의 차이는 있겠지만 기본적인 시스템은 잘 돌아간다고 보는 것이 합리적이다.

시장 역시 투자자가 합리적으로 움직일 수 있도록 도와준다. 2018년 말 금리 상승으로 주가가 하락하고, 미국의 소비자신뢰지수가 하락하고, 기업 투자 감소 등의 시그널에 따른 'R의 공포'가 도래했을 때도 시장을 선도하는 미국 시가총액 상위 기업들에 대한 시장의 판단은 긍정적이었다. 예상 실적 EPS를 하향 조정했고, 실제 기업 실적이 발표될 때는 어닝 서프라이즈(earning surprise)가 60~70% 수준이 될 수 있도록 시장 눈높이를 맞췄다.* 몇몇 보수적인 기업들도 있었지만, 대부분의 기업들이 합리적인 시나리오를 바탕으로 기업 실적에 대한 전망치를 제시하면서 투자자들과 소통을 유지했다.

정리하면, 시장을 이길 수 없다는 생각이 강하다면, 시장을 믿

---

* 어닝 서프라이즈는 기업의 실적이 시장 예상보다 높아 주가가 큰 폭으로 상승하는 것을 일컫는다. 반대로 실적이 예상보다 낮아 주가가 하락하는 것을 어닝 쇼크(earning shock)라고 한다.

고 장기투자를 하고 싶다면 S&P500 장기 차트를 자주 보면서 내 공을 키울 필요가 있다. 차트를 보고 투자하는 기술자가 되라는 뜻이 아니다. 시장을 믿으라는 뜻이다. 미국 기업을 포함한 '투자할 만한' '시스템이 작동하는' 기업들의 경우 투자자들과 원활히 소통하기 위해 노력한다. 그러므로 그들과의 소통을 게을리해서는 안 된다. 그래야 시장만큼은 아니더라도 시장을 따라갈 수 있다.

글로벌 시장을
통찰하는 지표 ①

장기적으로 시장은 상승한다는 믿음, 즉 장기투자를 지향하는 '시장 추종자의 길'에 대한 믿음과 확신이 생겼는가? 그럼 이제 한 가지 질문이 더 남았다.

우리가 가야 할 길은 어디인가?

지금 내가 서 있는 곳에 대한 '위치 파악'이 중요한 이유는 위치에 따라서 포트폴리오가 달라지기 때문이다. 상황에 따라 지역, 투자 전략, 자산군에 대한 배분이 달라지며 더 나아가 포트폴리오 외 현금 비중에 대한 고려도 바뀔 수 있다. 물론 '경제사이클

(business cycle)'이 아니라 그보다 선행하는 '마켓사이클(market cycle)'이 기준이 된다.* 그래서 많은 투자자들은 마켓사이클이 경제사이클에 얼마나 선행하는지를 알아내기 위해 고군분투하곤 한다.

투자 시장, 그러니까 주식 시장을 '마켓사이클'이라 지칭할 수 있다. 스마트머니의 유입으로 주식 시장은 경제 흐름의 방향성을 예측하는 기능과 함께 경제사이클에 선행한다는 특징이 있다.** 그래서 경제사이클이 어느 구간을 지나든 현재 내가 서 있는 위치가 파악되어야 포트폴리오 적용이 가능하다. "우리가 가야 할 길은 어디인가?"가 가장 중요한 물음인 이유다.

그러나 '경제지표'라는 데이터 산출이 쉽지만은 않다. 데이터 산출은 지연되기 마련이고, 일반인은 뒤늦게 발표된 지표를 바탕으로 현재의 위치를 추정할 수밖에 없다. 1개월에서 3개월 정도 후행하는 지표로 자신의 위치를 가늠하고 투자를 하면 당연히 시의성이 매우 떨어진다. 그렇다고 전문가도 아닌데 지수의 차트나 이벤트 뉴스만으로 내가 경제사이클의 어느 위치에 서 있는지 짚어 낼 수도 없는 노릇이다.

• 경제사이클은 경기순환주기를, 마켓사이클은 시장순환주기를 의미한다. 본서에서는 경제사이클과 마켓사이클로 표현했다.
•• 스마트머니란 장세 변화를 신속하게 파악해 움직이는 자금을 뜻한다.

📈
위치 파악을 위한
세 가지 지표

자신의 위치를 파악하는 방법이 아예 없는 것은 아니다. 조금만 관심을 갖고 몇 가지 지표를 모니터링하면 전문가가 아니어도 어느 정도 경제사이클을 파악할 수 있다. 하나씩 차근차근 알아보자.

1. OECD 경기선행지수

OECD 경기선행지수(OECD composite leading indicator)는 현재의 위치를 파악하는 데 활용되는 대표적인 지표다. OECD 경기선행지수는 제조업 경기 전망 및 수출입 물가, 주가와 자본재 등 경기 상황을 나타내는 주요 데이터를 기초로 산출된다. 약 3~6개월 정도의 경기를 선행해 예측하는 것으로 알려져 있는데, 100을 기준점으로 경기의 확장과 수축을 구분해 나타낸다. 다만 100 이하에서도 상승 추세라면 경기 회복의 징조로 해석할 수 있고, 100 이상에서도 하락 추세라면 경기 수축을 예상할 수 있다.

그러나 2010년 이후에는 과거와 달리 상관관계에 다소 괴리가 생겼다는 점이 우려된다. 유동성이 급증하면서 예측 기간이 다소 앞당겨져 신중한 접근이 필요해 보인다. 그도 그럴 것이 이 지표 또한 1~2개월의 발표 기간이 필요한데, 그 기간 동안 시장 변

앞서가는 서학개미를 위한 해외주식 투자지도

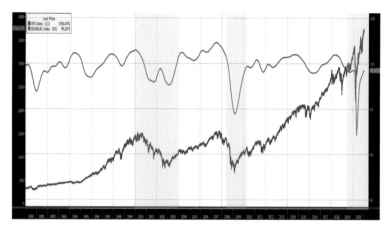

▶ OECD 경기선행지수(파란색)와 글로벌 주가(빨간색)의 추이

동성 요소가 많이 존재해 적중률이 떨어졌기 때문이다. 그래도 경기를 판단하는 데 매우 유용한 자료임은 틀림없다.

2. ISM 제조업·비제조업 구매관리자지수

다음으로 유용하게 활용되는 지표로는 미국 'ISM 제조업 구매관리자지수(ISM manufacturing PMI)'와 'ISM 비제조업 구매관리자지수(ISM non-manaufacturing PMI)'가 있다.* 공급관리자협회(institute for supply management)에서 매월 초 발표하는 지표로, 미국의 주요 업종(약 20여 개)과 300명 이상의 기업 구매 담당자들

---

* PMI는 'Purchasing Managers Index'의 약어다.

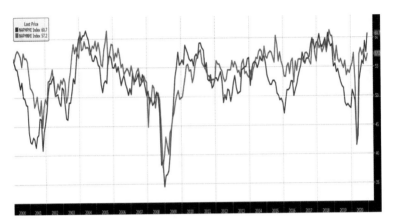

▶ 2000년 이후 20년간 ISM 제조업(검은색)·비제조업(빨간색) 구매관리자지수 추이

을 대상으로 한 설문조사를 바탕으로 산출된다. 생산 및 고용, 신규 수주, 재고, 운송 등의 주요 지표를 기준으로 '개선' '동일 수준' '부진' 등에 대한 답을 요청한다. 설문조사 값이 50 이상이면 전월 대비 확장이라고 진단하며, 50이면 동일 수준, 그에 미치지 못하면 경기 수축으로 판단한다. ISM 비제조업 구매관리자지수도 집계 방식은 같지만 세부 항목에서 다소 차이가 있다. 해당 지표로는 미국 경제의 70%에 해당하는 서비스업의 시장 분위기를 파악할 수 있다. 아무래도 설문조사이기 때문에 시장 분위기에 확실히 민감하며, 매월 초에 발표되어 월중 전략을 수립하는 데도 많은 도움이 된다.

ISM 제조업·비제조업 구매관리자지수 그래프를 보자. 2020년

앞서가는 서학개미를 위한 해외주식 투자지도

코로나19 사태로 두 지수 모두 45 이하로 하락했다가 연말에 이전 수준으로 반등했다. 사실 제조업 관련 지표는 영국에 본사를 둔 마킷(IHS Markit)이라는 회사에서도 발표하고 미국 뉴욕, 필라델피아, 시카고 중앙은행에서도 발표하지만 개인적으로는 ISM의 지표가 더 신뢰가 간다.

하지만 이 지표 또한 한계는 있다. 지표가 야기할 수 있는 변화, 즉 시장의 기대 충족 여부는 투자자의 감정적인 판단에 달려 있기 때문이다. 쉽게 말해 'ISM 제조업·비제조업 구매관리자지수가 부진하게 발표되었으니 연준이 금리를 더 내려주지 않을까?' 하는 판단이 서면 지표가 부진해도 시장은 긍정적인 반응을 보일 수 있다. 실제로 이 지표가 부진하게 발표되었음에도 불구하고 시장은 실망하지 않고 오히려 환호한 적도 있다.

3. GDP 성장률

마지막으로 전 세계 국가들이 공통적으로 활용하고 있는 GDP 성장률이 있다. GDP가 시대에 뒤떨어지는 지표라는 의견도 많으나, 그래도 국가에 대한 평가가 이 지표를 바탕으로 이뤄지기 때문에 상대적 관점에서는 의미가 있다.

전 세계 주식 시장의 절반을 차지하고, GDP 기준으로는 1/4 수준 이상을 차지하고 있는 미국의 GDP 성장률을 보면 글로벌 시장의 사이클을 파악할 수 있다. 하지만 GDP 성장률은 분기별 발표

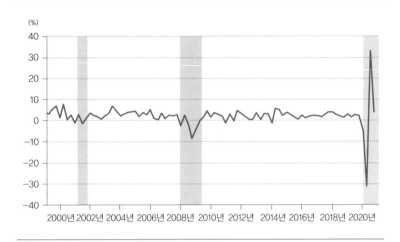

가 일반적이고, 발표 후에도 수정치가 발표되는 등 변수가 많아 시의성이 필요한 주식 투자에 적용하기란 다소 어렵다. 따라서 최근에는 IMF나 OECD에서 발표하는 예상치를 참고해 다가올 미래에 대한 '감'을 잡는 정도로 활용하는 경우가 많다.

글로벌 시장을
통찰하는 지표 ②

몇 가지 손쉬운 지표로 현재를 추정할 수는 있겠지만 사실 마켓사이클을 제대로 분석하기 위해서는 다양한 매크로 지표와 가격에 영향을 주는 유동성, 유동성에 영향을 주는 금리, 정부 정책 등 외부적 요인을 포괄적으로 고려하지 않을 수 없다. 한두 가지 지표만으로 시장을 정확히 추정하기란 무리가 있다. 다만 금리와 정부 정책, 중앙은행의 스탠스 등 외부적 요인이 유동성 지표에 막대한 영향을 준다는 '결론'은 이미 많은 투자자들이 인지하고 있는 부분이다. 물론 왜 그렇게 되었는지에 대한 고민은 좀 다를 수 있겠지만 일단 시장 참여자들의 '컨센서스(consensus)'라는 것이 존재하고, 이러한 컨센서스가 마켓사이클의 움직임에 영향을 주었다는 점은 분명해 보인다.* 컨센서스의 요소 중 하나가 바로 '밸류에이션'인데, 문제는 최근 이 요소에 대한 의구심이 커졌다는 것이다.

📈
헤게모니가
바뀌다

앞서 배당할인모형을 설명할 때 언급했듯이 현재는 밸류에이션의 의미가 많이 퇴색되었다고 본다. 흔히 펀드매니저들에게 주식을 왜 사고팔았는지에 대해 물으면 "밸류에이션이 싸서" 또는 "밸류에이션이 비싸서"라는 답변이 돌아오곤 한다. 그 말을 곱씹어보면 '주식의 적정가치가 높은데 상대적으로 주가는 싸서(밸류에이션이 싸서)' 그리고 '주식의 적정가치가 낮은데 상대적으로 주가는 비싸서(밸류에이션이 비싸서)'라는 뜻이 된다. 그런데 여기에는 두 가지 오류가 있다. 바로 전제로 한 적정가치의 정확성에 대한 의문과 적정가치로 시장의 돈이 항상 수렴할 것인지에 대한 의문이다.

실제로 적정가치를 계산하는 방법은 여러 가지가 있고, '주식의 적정가치 평가'라는 주제로 논문, 강의 등 수많은 자료가 존재

---

* 컨센서스의 사전적 의미는 공동체 구성원들의 공통된 생각을 의미한다. 이 책에서는 시장에 대한 종합적인 분석과 투자 정보에 기반한 실적 등의 '예상치'를 뜻한다.

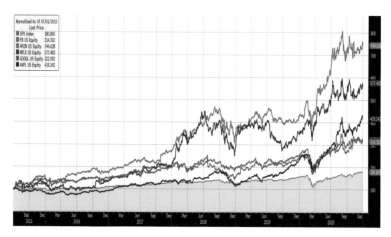

Normalized As Of 07/01/2015
Last Price
SPX Index 180.865
FB US Equity 314.302
AMZN US Equity 744.628
NFLX US Equity 577.483
GOOGL US Equity 322.592
AAPL US Equity 419.242

▶ S&P500과 페이스북(파란색), 아마존(초록색), 넷플릭스(갈색), 구글(보라색), 애플(검은색)의 추이 그래프

한다. 하지만 적정가치라는 단어를 한 줄로 요약하면 '성장성을 고려한 미래의 회사 가치를 어떤 수단을 활용해 현재의 가치로 할인한 숫자'가 된다. 회사의 성장성은 산업과 회사 고유의 기술 등으로 추정해볼 수 있을 것이고, 현재 가치로 할인을 하기 위해서는 금리를 활용하면 된다. 문제는 이 금리가 장기적으로 0에 수렴하고 있다는 것이다. 결국 외부적 요인이 또 작용하는 셈이다.

팡(FAANG)과 S&P500 추이를 비교한 그래프를 보자.* S&P500이 180% 상승하는 동안 페이스북은 314%, 아마존은 744%, 넷플릭

• 팡은 미국 IT업계를 선도하는 페이스북(facebook), 애플(apple), 아마존(amazon), 넷플릭스(netflix), 구글(google)을 일컫는다.

스는 577%, 구글(알파벳)은 326%, 애플은 419% 상승했다. 차트를 보고 어떤 느낌이 드는가? 미국의 주가, 그리고 미국을 이끌어가는 주요 기업들의 주가를 보면 컨센서스가 존재한다고 보이는가? 밸류에이션이 있다고 보이는가? 아직도 PER만을 주요 판단 기준으로 사용할 수 있겠는가? 밸류에이션을 100% 무시하는 것도 편협한 투자법이지만, 이제 밸류에이션을 우선순위 위에서 아래로 내려놓을 때가 되었다.

적정가치로 시장의 자금이 수렴할 것인지에 대한 의문도 남았다. 투자자의 자금 이동은 자산배분 전략에 달려 있다. 자산배분 전략은 결국 어느 위험자산의 기대수익률이 더 높은지에 대한 고민을 수반한다. 기대수익률 계산에는 기본적으로 각 국가의 GDP 성장률과 인플레이션 등의 펀더멘털 성장률, 기업의 배당률 등이 활용되는데, 이는 자산배분 전략에 널리 활용되는 '블랙-리터만 모형'에 쓰이는 '기대수익률' 산정에 필요한 요소이기도 하다.* 즉 투자의 가장 큰 틀인 자산배분조차 외부적 요인에 영향을 받는 것이다. 자산(국가별)의 기대수익률을 산출할 때 고려하는 GDP 성장률, 인플레이션, 기업 배당률도 결국 중앙은행의 유동성 정책, 정부 정책에 영향을 받기 때문이다.

• 블랙-리터만 모형은 1990년 골드만삭스의 피셔 블랙(Fischer Black)과 로버트 리터만(Robert Litterman)에 의해 개발된 포트폴리오 배분을 위한 수학적 모형이다.

장기적으로 적정가치에 주가가 수렴한다고 보는 것이 맞을 수는 있지만, 지금과 같은 분위기에서는 이 흐름에 혼선을 줄 수 있는 요소들이 너무 많다. 특히 금리에 따른 유동성의 위축과 확대는 경제사이클의 변화를 가져올 수 있고, 이를 기준으로 자금을 운용하던 많은 이들의 자산배분 방식을 흔들어놓는다. 투자의 헤게모니가 바뀐 것이다. 과거의 방식으로 마켓사이클을 예상하고 분석하는 것은 무리라고 판단된다.

그러나 경제 흐름의 기준을 '초장기'로 고려한다면, 그리고 거시적으로 시장을 바라본다면 분석이 용이할 수도 있다. 장기적으로 글로벌 금융 시장은 제2차 세계대전과 대공황도 딛고 일어섰으며, 닷컴 버블과 2008년 글로벌 금융위기 또한 약간의 금리 및 통화 정책으로 극복한 바 있다(돌아보면 장기 성장에 있어 작은 스크래치였다). TDF(Target Date Fund)를 비롯한 초장기 금융상품은 이러한 관점에서 디자인된 상품이다.*

과거와는 다른 밸류에이션의 지위과 유동성의 막대한 파급력은 투자의 헤게모니를 바꿨다. 이에 따라 경제사이클 및 마켓사이클에 대한 대응 역시 보다 유연해질 필요가 있다. 그러나 '유연함'이 원칙의 변경이나 기존과 다른 요령을 요구하는 것은 아니다. 주

---

* TDF란 투자자의 은퇴 시점을 기준으로 생애 주기에 따라 펀드가 포트폴리오를 알아서 조정하는 상품이다.

기가 짧아지고 변동성이 높아졌지만 미국 중심의 글로벌 경제 성장 동력은 유효하다. 운용은 '예상'이 아니라 '대응'이라는 명제를 머릿속에 더 선명하게 각인시킬 필요가 있다. 이제부터는 유연한 대응을 위한 원칙에 대해 알아보겠다.

📈 마켓사이클과 경제사이클

먼저 마켓사이클(market cycle)을 살펴보자. 6단계, 8단계 이론도 있으나 4단계로도 충분할 것 같다. 참고로 마켓사이클은 '경기순환주기'로도 불린다.

▶ 경기순환주기의 개념

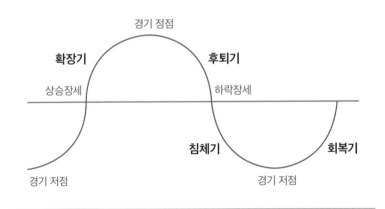

앞서가는 서학개미를 위한 해외주식 투자지도

▶ 경기순환주기의 변형

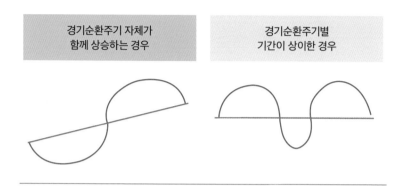

| 경기순환주기 자체가 함께 상승하는 경우 | 경기순환주기별 기간이 상이한 경우 |

경기순환주기를 활용하는 데 반론이 따를 수도 있다. 네 가지 단계 중 일부는 실제 나타나지 않는다는 의견도 있고, 10년 주기설, 5년 주기설과 같이 기간의 적용을 두고 논란도 있다. 또한 시장 자체가 상승하면서 순환주기가 나타날 수도 있고, 반대로 시장이 하락하는 가운데 순환주기가 존재할 수도 있다.

분석의 주체, 즉 시장에 대응하는 투자자가 시장을 얼마나 멀리 볼 것인지, 크게 볼 것인지, 거시지표를 우선시할 것인지, 기업 실적에 무게를 둘 것인지 등에 따라 시장을 분석하는 방법은 달라진다. 앞서 언급한 바와 같이 경기순환주기에 선행해 형성되는, 그러니까 실제 투자자산 시장이 움직이는 시장순환주기(경제사이클)를 분석할 수 있다면 투자에 큰 도움이 될 것이다. 경기순환주기에서 볼 수 있는 투자자의 심리, 자산 가격의 움직임 등이 실제 투자

▶ 경기순환주기 vs. 시장순환주기

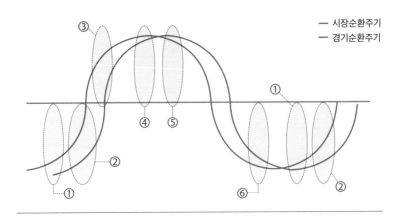

자산의 가치를 좌우할 것이기 때문이다. 경기순환주기에 선행해 형성되는 시장순환주기를 빨간색 선으로 표시했다. 바닥부터 차례대로 살펴보자.

① 바닥

후퇴기를 거쳐 바닥을 가는 과정은 참으로 참담한 길이다. 기업이 넘어가는 과정과 개인이 파산하는 이벤트들이 연달아 나타나면서 긴장감을 넘어 공포감이 형성된다. 경기순환주기의 '불황'의 정의는 보통 GDP가 2분기 연속 마이너스 성장을 하는 것이기 때문에 실제 투자자산 시장은 경제지표보다 훨씬 앞서간다. 3개월에서 6개월 정도 빠르게 나타난다고 볼 수 있다. 이를 체감할 수 있는 것이 부동산 시장과 주식 시장이다. 다시 말해 시장이 바닥을

앞서가는 서학개미를 위한 해외주식 투자지도

찍을 때 경제지표는 아직 하강 중이며, 시장이 턴어라운드해 상승할 때 경제지표는 그제야 바닥을 찍는다.[*] 기업의 부도가 발생하기 시작해도 경제지표는 아직 플러스이거나 둔화되는 모습을 보이는 경우가 많다. 따라서 자금을 운용하는 분야에서 경제지표를 확인하고 투자에 대응하는 것은 제대로 '뒷북을 치는 일'이라고 볼 수 있다.

다시 본론으로 돌아가서 시장순환주기의 바닥은 아직 경제지표상으로는 바닥을 향해가는 과정이며, 정부는 최악의 상황을 준비하고 대책을 강구한다. 언론은 여러 가지 시나리오를 만들어 디폴트 분위기를 조성하고, 회사는 줄어가는 매출로 막혀가는 자금줄과 씨름하거나 부도 처리가 나온다.[**] 투자 심리는 어떨까? 공포감이 시장을 지배할 것이다. 자칫 잘못하면 정말 끝날 수도 있겠다는 절망감이 팽배해진다.

② 회복기

회복기는 시장이 최악의 상황을 지난 직후다. 최악의 상황에서 정부는 급한 대로 미봉책을 써서 억지로 산소마스크만 씌워놓는다. 금리를 내렸을 수도 있고, 과도한 재정 정책으로 자금을 융통

- 턴어라운드는 상황의 호전을 의미한다. 더불어 넓은 의미의 기업 회생을 뜻한다.
- 디폴트란 국가 및 기업의 채무 불이행 또는 파산을 뜻한다.

해 기업에 제공했을 수도 있다. 이 모든 대책이 장기간 플랜은 아니다. 이제 장기간의 플랜을 세우고, 구조조정을 하고, 회생 방안을 수립해야 하는 시점에 들어설 것이다. 하지만 지표는 이제야 바닥 신호를 나타낸다.

주식 시장은 어떨까? 바닥을 확인했다는 말을 곱씹어보면 내려갈 일보다 올라갈 일만 남았다는 뜻이다. 그래서 시장은 상승한다. 분위기는 '긍정'이 '부정'을 이기기 시작하며 시장은 상승장세(bull market)에 진입할 준비를 한다. 신흥국의 적극적인 재정 정책, 금리 정책 또는 구조조정이 뒷받침되면서 상승 여력이 있는 주식들이 떠오른다. 초과수익을 원한다면 신흥국도 눈여겨봐야 하는 시기다.

③ 확장기

펀더멘털 지표상으로 아직 회복 기조가 한참이라면 시장은 이미 확장기에 접어든 것이다. 주가가 비싸다는 이야기가 나오면서 수익을 챙긴 투자자들은 차익 실현 욕구를 내비치고, 3~4배씩 오르는 개별주가 조금씩 주목을 받는다. 싼 주식을 찾는 사람보다는 상승 흐름이 지속될 주식을 찾는다. 즉 '탐욕'이 나타난다. 99칸의 방을 가진 부자가 1칸을 채워 100칸을 가지고 싶어 하듯이 투자자들은 좀 더 이익을 보려는 욕심을 가지게 된다.

④ 고점기

시장에 오래 있으면서 가장 어려웠던 건 시장의 정점에서 운용 전략을 수립하는 일이었다. 시장 바닥에서의 자금 운용은 그리 어렵지 않았다. 보통 인내와 끈기가 해결해준다고 보면 된다. 바닥 이전부터 투자를 했다면 바닥을 지날 때까지 버티면 된다. 필자는 필자보다 10배는 더 똑똑한 정부 관료들과 정치인들이 시장이 바닥을 조속히 탈출하도록 최선을 다할 것이라 믿어 의심치 않는다. 그들은 혼신의 힘을 다해 관련 대책을 내놓을 것이다. 그들은 혼신의 힘을 다해 관련 대책을 내놓을 것이다. 그들에겐 2~3년 주기로 다가오는 지자체 선거와 국회의원 선거, 그리고 대선이 있기 때문이다.

어쨌든 시장의 꼭지를 아는 일은 그만큼 어려운데, 이를 가장 쉽게 아는 방법은 기업 실적을 보는 것이다. 모든 증권사는 분기별로 기업 실적을 면밀히 분석해 리포트를 발간한다. 어렵지 않게 구할 수 있다. 증권사 리포트 중 영업이익률이 지난 분기 대비, 전년 동기 대비 상승 속도가 현저히 떨어졌다면 무조건 의심해야 한다. 특히 특정 섹터 몇 개가 아니라 대부분의 섹터에서 영업이익률 상승 속도가 떨어졌다면 더더욱 그렇다. 반대로 대부분의 섹터가 하락 중이지만 한두 섹터가 대폭 상승해 전체 시장이 상승하고 있다면 어떨까? 그 또한 꼭지의 준비 단계다. 그 한두 섹터가 과연 언제까지 버티겠는가?

⑤ 후퇴기

시장 가격이 정점을 치고 하락하기 시작하면 이제야 지표는 정점에 다다른다. 시장순환주기로는 후퇴기에 접어든 것인데, 실업률과 성장률이 사상 최고라는 단어가 신문 1면을 장식한다. 이코노미스트들은 너무 좋은 지표를 기반으로 핑크빛 미래를 전망하지만, 기업은 매출이 조금씩 줄어든다. 일부 기업은 포화된 시장에서 먹거리가 없어 이익률이 줄어든다. 소비도 조금씩 감소하면서 기대인플레이션도 떨어진다.* 경기가 좋으면 금리가 상승하는 것이 정상이지만 오히려 금리가 떨어진다. 기대인플레이션 때문이다.

약간씩 나타나는 '긴장감' 때문에 사람들이 가치주 전략과 일드 전략을 찾기 시작한다(이 부분은 뒤에서 자세히 다루겠다). 그리고 미래가 언제나 밝은 헬스케어 섹터가 움직인다. 시장이 끝이거나, 끝을 넘어서서 하락장세(bear market)에 다가서고 있다는 뜻이다. 다시 말하지만 이때 경제지표는 최고로 좋아 속기 딱 좋다.

⑥ 침체기

후퇴기를 지나 침체기에 접어들면 이미 늦었다. 주식의 하락폭과 변동성은 이전과 달리 커져 있지만 아직 지표는 나쁘지 않기 때

• '피셔 방정식'에 따르면 '실질금리=명목금리-기대인플레이션'이다.

앞서가는 서학개미를 위한 해외주식 투자지도

문에 안심해도 된다는 인터뷰가 간간이 들려온다. 사업의 일부 폐쇄나 구조조정이 나타나고 분위기가 싸늘해진다. 공포감이 엄습하고 긴장감이 팽배해진다.

스타일 전략과
핵심 종목

OECD 경기선행지수, ISM 제조업·비제조업 구매관리자지수, GDP 성장률 등으로 '현재'가 마켓사이클의 어디쯤인지 판단했다면 이제 그에 맞는 투자를 해야 한다. 유동성 시대에 시장 추종자가 가장 효과적으로 투자할 수 있는 방법은 여섯 가지 '스타일 전략'을 현재의 상황에 맞춰 적절히 활용하는 것이다.

실제 운용에서 활용했던 방법을 바탕으로 스타일 전략의 노하우를 제시하고자 한다. 투자자들 사이에서 종종 화두가 된 방법이라 익숙하게 느껴질 수도 있다. 실질적으로 마켓사이클에 적용 가능한 스타일 전략은 일반 투자자들에게는 보편화된 접근법이 아니다. 꼼꼼히 읽어보고 투자에 참고하길 바란다.

▶ 여섯 가지 스타일 전략

구분	주요 내용	비고
가치주 전략	주식의 적정가치 대비 저렴한 주식에 투자	가치 투자
성장주 전략	성장성, 미래가치가 내재된 주식에 투자. PER, PBR이 높은 주식에 투자	성장주 투자
퀄리티 전략	ROE가 높고 현금흐름 등이 건전한 좋은 기업의 주식에 투자	가치 투자
모멘텀 전략	상승 흐름이 지속될 수 있는 여건의 주식에 투자	모멘텀 투자
로우볼 전략	주식 가격의 변동성이 낮은 주식에 투자	저변동성 투자
고배당 전략	배당 성향이 높거나, 배당이 높은 주식에 투자	고배당 투자

1. 가치주 전략

스타일 전략에는 우선 가치주(value) 전략이 있다. 가치주 전략은 정통적인 주식 투자의 방법론 중 하나로, 주식의 적정가치를 산출한 다음 실제 가격과 비교해 적정가치 대비 싸다고 판단되면 매수하고, 비싸다고 생각되면 매도한다. 즉 회사의 주가와 실제 적정가치의 괴리율을 중시한다. 정통적인 주식 투자의 방법론이라고 표현한 이유는 많은 초보 투자자들이 처음 주식 투자에 입문할 때 이 방법을 가장 선호하기 때문이다. 따라서 국내 수많은 운용사 및 펀드매니저가 스스로 가치주 전략의 대표주자라 지칭하는 일이 많다.

미국에 상장된 대표적인 가치주로는 워런 버핏(Warren Buffett)의 버크셔해서웨이, 많은 유학생들의 보험을 책임지고 있는 유나이티드헬스 그룹, 미국의 대표 통신사 AT&T가 있다.

▶ 대표적인 가치주(2021년 1월 기준)

종목	버크셔 해서웨이	유나이티드 헬스 그룹	AT&T
티커	B US Equity	UNH US Equity	T US Equity
설립연도	1955년	1977년	1983년
주요 사업 분야	· 보험 · 증권 및 파생상품 투자 · 제조업, 리테일 및 서비스	· 건강보험 · 디지털 헬스케어	· 무선 서비스 · 무선 송출 시스템
최근 5년간 매출 연평균 상승률	4.9%	11.5%	5.5%
최근 5년간 영업이익 연평균 상승률	0.1%	15.6%	4.7%
최근 5년간 주가 연평균 상승률	112%	124%	96%
시가총액(10억 달러)	547	339.1	204.9
S&P 순위	8	15	30
나스닥 순위	-	-	-

2. 성장주 전략

두 번째는 성장주(growth) 전략이다. 성장주 전략은 주식의 성장성을 중시한다. 주식이 포함된 산업군, 기업이 보유한 핵심 기술의 미래가치 등을 고려해 지금보다는 앞으로 성장할 가능성이 큰 주식에 투자한다. 즉 현재 가치보다는 미래를 바라보는 투자다. 따라서 PER이 높은 주식이 많다.

미래가치를 고려하다 보면 자연스럽게 수급이 유연해지면서 가격의 상승폭과 주식의 변동성도 높아진다. 성장주 전략은 밸류

▶ 대표적인 성장주(2021년 1월 기준)

종목	아마존	페이스북	알파벳
티커	AMZN US Equity	FB US Equity	GOOGL US Equity
설립연도	1994년	2004년	1998년
주요 사업 분야	· 온라인 리테일 · 외부자 판매 · 클라우드	· 광고 · 결제 및 기타 수수료	· 구글 검색 및 네트워크 광고 · 유튜브 광고 · 구글 클라우드
최근 5년간 매출 연평균 상승률	27.3%	41.3%	21.2%
최근 5년간 영업이익 연평균 상승률	76.3%	45.4%	15.6%
최근 5년간 주가 연평균 상승률	137%	121%	118%
시가총액(10억 달러)	1,565.9	715.2	1,178.3
S&P 순위	3	7	4
나스닥 순위	3	7	4

에이션 지표(PER, PBR 등)의 매력도가 다소 낮더라도 미래 성장성이 높다면 매수하는 전략이다.* 따라서 포트폴리오에서 이 전략을 활용할 때는 빠져나오는 타이밍과 방법이 정말 중요하다. 하지만 대표주는 지속 보유해도 좋다는 의견이 많고 필자도 그에 동의한

• 주가순자산비율(PBR; Price Book-value Ratio)은 주가를 주당순자산가치(BPS; Book value Per Share)로 나눈 비율이다. 주가가 한 주당 몇 배로 매매되고 있는지를 보기 위한 지표다. BPS는 기업의 순자산을 발행된 총 주식수로 나눈 값이다.

다. 아마존, 페이스북, 알파벳(구글)은 자녀에게까지 물려주고 싶다는 사람들이 많다.

3. 퀄리티 전략

세 번째로 퀄리티(quality) 전략이다. 퀄리티 전략은 국내에서는 앞선 두 전략에 비해 잘 알려져 있지 않다. 가치주 전략과 성장주 전략의 중간적인 형태로 인식해도 되지만, 보다 자세히는 현금흐름이 좋고 ROE가 높은 기업에 투자하는 전략이다. 즉 부채가 적고 재무 상태가 우수한 '좋은 기업'에 투자하는 전략이므로, 이를 가장 중요하게 여기는 신용평가사로부터 우수한 평가를 받은 기업에 투자하는 것으로 생각해도 무방하다. 필자는 좋은 기업의 요건으로 ROE를 가장 중요하게 여기는데, 자기자본이익률(ROE; Return On Equity)은 부채를 제외하고 순수 투자자금을 기준으로 기업이 어느 정도 이익을 내는지 측정하는 지표다.* 즉 타인의 자본을 제외한 주주들의 순수 투자자금에 대한 이익률을 뜻한다.

ROE가 의미 있는 이유는 부채를 제외한 자본금을 기업의 청산가치로 볼 수 있기 때문이다. 기업의 영업이익률이 청산가치보다 높다면 기업으로서의 가치는 충분한 셈이다. 따라서 퀄리티 전

• ROE를 구하는 식은 '(당기순이익/자기자본)×100'이다.

앞서가는 서학개미를 위한 해외주식 투자지도

▶ 대표적인 퀄리티주(2021년 1월 기준)

종목	존슨앤존슨	마이크로소프트	애플
티커	JNJ US Equity	MSFT US Equity	AAPL US Equity
설립연도	1887년	1975년	1976년
주요 사업 분야	· 제약 · 의료기기 · 소비자 제품	· 퍼스널 컴퓨팅 (윈도우 OEM, Surface, Xbox, 광고 등) · 생산성 및 비즈니스 프로세스(오피스, 오피스365, 다이내믹스) · 지능형 클라우드 (Azure, 앤터프라이즈 서비스)	· 아이폰 · 서비스 (애플TV, 아케이드 등) · 웨어러블(에어팟)
최근 5년간 매출 연평균 상승률	4.1%	7.9%	3.1%
최근 5년간 영업이익 연평균 상승률	-2.4%	24.8%	-1.9%
최근 5년간 주가 연평균 상승률	109%	132%	138%
시가총액(10억 달러)	416.3	1,625.0	2,166.8
S&P 순위	12	2	1
나스닥 순위	-	2	1

략은 좋은 기업을 찾는 전략으로 봐도 무방하지만, 최소한의 의미
로 소위 '밥값' 하는 기업을 찾아 투자하는 방법이라고 보면 된다.
개인적으로 성장주를 선호하지만 꼭 보유해야 한다고 믿는 몇몇
퀄리티 스타일의 기업들이 있다. 바로 존슨앤존슨, 마이크로소프
트, 애플이다.

4. 모멘텀 전략

네 번째로 모멘텀(momentum) 전략이다. 모멘텀이라 하면 보통 어떤 이벤트를 떠올리는데 그보다는 흐름이라고 보는 것이 맞을 것 같다. '주가가 상승할 수 있는 모멘텀이 있는가?'라는 질문은 이익이 증가 추세에 있는지, 펀더멘털이 개선되면서 주가가 상승 흐름을 이어갈 수 있는지, 호재가 지속되고 있는지 등의 질문으로 바꿀 수 있다. 따라서 현재 또는 미래에 대한 기대보다는 지금의 좋은 흐름이 지속될 수 있는지를 보고 그 흐름에 투자한다고 보면 된다.

많은 이들이 모멘텀 전략을 수급을 기준으로 두고 판단하는 경향이 있는데, 관계가 없진 않지만 주의해야 할 부분이다. 모멘텀 전략은 투자자가 정말 부지런해야 한다. 기업의 상승 모멘텀을 찾기 위해선 실사, 뉴스 찾기 등과 같은 '노동집약적' 업무를 해야 하기 때문이다. 모멘텀 전략은 현재는 성장주와 유사한 흐름을 보이고 있으며 대표 기업도 유사하므로 생략하겠다.

5. 로우볼 전략

다섯 번째는 로우볼(low vol) 전략으로, 이름에서 드러나듯이 저변동성 전략이다. 넓은 의미로 전체적인 포트폴리오를 저변동성주로 구축한다는 뜻도 포함되어 있지만, 이보다는 변동성이 낮은 주식에 투자해 유사한 수익률을 추구하고 하락폭도 축소하는 더욱

▶ 대표적인 로우볼주(2021년 1월 기준)

종목	버라이즌 커뮤니케이션스	월마트	브리스톨-마이어스 스퀴브
티커	VZ US Equity	WMT US Equity	BMY US Equity
설립연도	1983년	1962년	1933년
주요 사업 분야	· 무선 통신 · 유선 통신	· 월마트 미국 · 월마트 해외 · 샘스클럽	· 면역항암제 · 당뇨병 치료제 · 녹내장 치료제
최근 5년간 매출 연평균 상승률	0.1%	2.1%	12.2%
최근 5년간 영업이익 연평균 상승률	-4.3%	-2.6%	84.2%
최근 5년간 주가 연평균 상승률	105%	119%	98%
시가총액(10억 달러)	236.9	421.5	147.9
S&P 순위	21	11	51
나스닥 순위	-	-	-

직접적인 변동성 축소 전략이다. 이는 진리처럼 받아들여지고 있는 '하이 리스크 하이 리턴'과 배치된다. 로버트 하우겐 박사가 최초로 효과를 입증한 이후 그 유효성을 입증하는 많은 논문들이 발표되면서 이목을 끌었고, 최근에는 ETF와 관련 액티브 펀드들이 출시되어 유행을 만들고 있는 상황이다.

이 전략은 2019년에 필자에게도 좋은 성과를 가져다주었다. 그러나 급락장에서는 방어력이 낮아 투자 수요가 줄어들게 된다.

물론 시기와 상관없이 기업 개별로도 매력이 있다. 대표적으로 버라이즌 커뮤니케이션스, 월마트, 브리스톨-마이어스 스퀴브가 이에 해당한다.

6. 고배당 전략

마지막은 고배당 전략으로, 일드 전략이라고도 한다. 우리에게는 친숙한 전략인데, 기본적으로 장기투자를 전제로 해 가치주 전략과 겹치는 부분이 많다. 그도 그럴 것이 배당을 잘 준다는 건 오랫동안 지속 가능한 기업으로서의 면목을 보여준다는 뜻이기 때문이다. 지속 가능한 사업을 갖고 있다는 건 수익이 꾸준히 발생해 가치가 상승한다는 뜻이므로 가치주 전략의 대상이 될 수도 있다. 배당을 많이 주는 것은 현금이 풍부하다는 뜻이고, 이는 안정적인 재무구조를 가지고 있다는 의미다. 외국인 투자자들이 특히 좋아하는 전략이 아닐 수 없다.

그러나 높은 배당률이 성장을 담보하진 않으며, 돈이 많다고 해서 꼭 투자에 적극적인 것도 아니다. 고배당 전략을 활용할 땐 이 부분을 꼭 염두에 두길 바란다(보잉도 한때는 좋은 배당주였다는 점을 잊지 말자). 대표적으로 엑슨모빌, 화이자, 시스코 시스템즈가 이에 해당한다.

앞서가는 서학개미를 위한 해외주식 투자지도

▶ 대표적인 고배당주(2021년 1월 기준)

종목	엑슨모빌	화이자	시스코 시스템즈
티커	XOM US Equity	PFE US Equity	CSCO US Equity
설립연도	1882년	1942년	1984년
주요 사업 분야	· 다운스트림 · 화학 · 업스트림	· 의약품 · 일반 의약품	· 네트워크 장비(스위치, 라우터, 무선, 데이터센터) · 서비스(소프트웨어 및 솔루션 지원) · 애플리케이션
최근 5년간 매출 연평균 상승률	2.8%	1.5%	1.4%
최근 5년간 영업이익 연평균 상승률	281.3%	19.6%	7.6%
최근 5년간 주가 연평균 상승률	88%	104%	111%
시가총액(10억 달러)	202.4	206.7	193.5
S&P 순위	31	29	36
나스닥 순위	-	-	17

스타일 전략: 시황별 접근법

스타일 전략은 시장 상황에 따라 달리 적용된다. 예를 들어 침체기에 유효한 스타일 전략이 따로 있고, 확장기에 유효한 스타일 전략이 따로 있다. 즉 마켓사이클에 따라 시장 수익 대비 초과수익을 창출하는 스타일 전략이 각각 다르다. 꼭 성장주가 내달리는 시장에서 가치주가 마이너스를 기록하거나, 로우볼주가 급등하는 구간에서 모멘텀주가 반대로 달린다는 뜻은 아니다. 어떤 시장과 환경에서는 고배당주가 다른 주식보다 초과수익을 내기도 하고, 가치주가 성장주보다 나은 수익을 내기도 한다는 뜻이다. 추구하는 방향은 같다. 추월선과 주행선 정도의 차이라고 생각하면 이해가 쉬울 것이다.

마켓사이클에 따라 달라지는 투자 전략

1. 침체기에 유효한 스타일 전략

우선 시장이 후퇴기를 넘어 침체기에 접어들었다고 가정해보자. 이 시기에 투자자들은 어쩌면 정부 정책이나 금리 인하 등으로 인해 시장이 바닥을 통과하는 상황을 기대하고 있을지 모른다. 그러나 정확한 시기는 누구도 알 수 없다. 여기서 투자자의 고민에 대한 답을 먼저 제시하자면, 시장이 공포감에 사로잡혀 있을 때 '정말 싼' 주식에 먼저 손을 내미는 것은 합리적인 판단이다. 침체기에는 '가치 투자'라는 단어가 여기저기 오르내릴 수 있고, 여섯 가지 스타일 전략 중에는 가치주 전략과 퀄리티 전략의 효과가 빛을 발할 수 있다. 이론가격 및 적정가격 대비 폭락한 주식이 있다면 시장이 상승할 때 가장 먼저 회복할 수 있기 때문이다. 이를 '평균회귀(mean reversion)'가 빠르다고 표현하기도 한다.

영업이익이 튼튼하고 현금흐름이 좋은 기업은 부도 위험이 낮다. 따라서 유망하다. 신흥국보다는 자금력이 있고 국제 통화 보유량이 많은 선진국이 회복 가능성이 높으므로 선진국 투자가 유리하다. 시장이 망가지는 과정에서 폭락은 했겠지만 살아남을 수밖에 없는 금융산업, 그리고 기간산업으로 이뤄진 조선, 철강, 자율소비재 등의 시클리컬 주식(경기민감주)에 주목해야 한다.

성장주의 특성상 IT 주식들은 후퇴기와 침체기를 거치며 과도하게 폭락할 수밖에 없다. 이 시기에는 '가치 투자의 재물'로 변해 있을 것이다. 혹시 'IT=성장주'라고 생각한다면 오판이다. IT도 폭락장에서는 가치주로 변한다. 왜냐하면 싸기 때문이다. 주의해야 할 부분은 만약 이러한 침체기에 퀄리티주를 선택했다면 어느 정도 리스크를 감수할 각오를 해야 한다. 아무리 재무가 좋은 기업이라도 침체기에는 투자자금의 유출로 이유 없이 하락할 수 있다. '이미 싼' 주식으로 평가받는 주식보다 하락 리스크가 있으므로 이는 전적으로 투자자의 선택이다.

2. 회복기에 유효한 스타일 전략

침체기를 넘어 경기 반등 기대감이 솔솔 불어오는 시기가 되면 이때는 유난히 가치주가 부각된다. 침체기에 가치주에 투자한 이들의 성공 사례가 주변에 많이 퍼지기 때문이다. 동시에 성장주, 즉 성장성이 높은 IT 주식과 기업의 회생과 함께 움직이는 산업재 등이 유망하다. 가치주와 성장주가 함께 각광을 받기도 한다.

가치주가 부각되어 손이 갈 가능성이 높지만 수익률 제고를 위해 전부 가치주에 투자하는 건 참아야 한다. 경기 침체는 보통 한 국가에서만 나타나지 않기 때문에 여러 국가가 비슷한 시기에 관련 정책을 내놓는데, 그 대표격이 미국이다. 연준이 금리 인하

카드를 쓰기도 하고, 연준 위원들의 발언이 매우 비둘기적으로 변하는 양상이 벌어지기도 한다.* 발 빠른 신흥국 정부가 돈을 푸는 사례도 있기 때문에 신흥국 주식도 들썩들썩한다. 이 시기에는 가치주를 슬슬 거둬들이고 성장주의 비중을 늘려야 한다.

3. 확장기에 유효한 스타일 전략

경제사이클이 고군분투하다 본격적인 상승세에 접어드는 확장기가 되면 모멘텀 전략과 성장주 전략이 두각을 나타낸다. 또한 회복기와 확장기 중간에는 로우볼 전략의 타이밍이 오기도 한다. 지표는 이제 상승을 시작하지만 주가는 급등을 거듭하며 변동성이 조금씩 커지기 때문이다. 알파 전략으로 저변동성주를 찾는 이들이 등장하기 시작하면서 로우볼 종목에 대한 선호도가 커진다. 경기가 좋기 때문에 소비재가 투자하기 적합하다. 더불어 소비와 제조가 박자를 맞추는 시기이기 때문에 원자재도 좋다. 선진국과 신흥국을 놓고 판단한다면 그나마 선진국이 안전하다. 신흥국보다 투자하기 좋다는 뜻이 아니라(당연히 수익률 면에서는 신흥국이 좋을 것이다), '안전성'의 측면에서 낮다고 생각하는 게 맞다.

---

* 경제 성장을 위해 양적완화와 금리 인하를 주장하는 세력을 비둘기파, 물가 안정을 위해 긴축 정책과 금리 인상을 주장하는 세력을 매파라고 한다.

4. 고점기에 유효한 스타일 전략

앞서 언급했듯이 사실 '정점'을 예측하는 게 가장 어렵다. 지속되는 확장기에 대한 확신과 후퇴기에 대한 우려가 겹치기 때문에 여러모로 매우 어렵다. 시장 추종자는 지수만 잘 따라가도 성공하는 상황에 다다른다. 문제는 이러한 상황에서의 대응·방법이다. 경험상 이때는 고배당 전략과 퀄리티 전략이 유효하다. 시장이 꼭지에 다다른 것 같은데 그렇다는 확신은 없고, 투자의 여지는 남아 있다면 어떤 선택을 해야 할까? 어쨌든 배당은 잘 나오는 기업에 손이 먼저 갈 것이고, 그다음으로는 재무가 튼튼한 기업이 돋보일 것이다. 즉 망하지 않을 좋은 기업들이 부상한다.

선택의 기준은 명확하다. 다소 공격적인 투자자라면 퀄리티 전략을, 아니라면 고배당 전략을 선택하는 것이 맞다. 그런데 최근 고배당 전략이 잘 먹히지 않고 있다. 트럼프 전 대통령이 자사주 매입을 유도한 이후부터 기업들이 배당보다는 자본 차익 증대를 선호하게 되었기 때문이다. 그러한 맥락에서 전통적인 고배당주보다는 리츠와 상장 인프라의 수요 증대, 가격 상승이 돋보인다. 배당주에 대한 분석과 대응은 뒤에서 다시 언급하도록 하겠다.

5. 후퇴기에 유효한 스타일 전략

마켓사이클이 정점을 넘어 후퇴기에 접어들고 다시 침체기로 다가가는 시기, 즉 경제지표가 이제 막 꺾여서 우려감이 나오는 시

앞서가는 서학개미를 위한 해외주식 투자지도

기를 우리는 후퇴기라고 부른다. 후퇴기에 접어들었다는 느낌이 들면 앞서 언급한 배당주도 소용이 없다. 안전마진으로 작용했던 배당 이상으로 주가가 하락하기 때문에 우려감은 더 확대된다. 상승의 스토리를 품고 있는 가치주들이 오히려 투자 심리를 안정시키기 때문에 주목을 받는 현상이 나타난다. 로우볼주와 퀄리티주도 오르내리지만 소용이 없다.

그러나 예외적으로 후퇴기가 짧게 끝날 것이라는 판단, 그러니까 후퇴기 이후 상승을 담보하는 정책 준비 등이 눈에 보이면 그간 시장을 상승시켰던 주도주의 하락이 둔화될 것이다. 그 주도주들이 퀄리티 섹션에 있으면 퀄리티 섹션이 덜 떨어질 것이고, 성장주 섹션에 있으면 성장주 섹션이 덜 떨어지는 현상이 발생하기도 한다. 하지만 앞날을 바라보기 어렵다면 일부를 현금화해 마음을 안정시키는 편이 낫다. 주식마다 주옥같은 스토리를 보유하고 있겠지만 그래도 이 시기에는 저렴한 가치주를 찾는 것이 합리적이다.

📈
간과할 수 없는
시장 심리

전반적으로 시장을 잘 통찰하고, 그에 맞는 스타일 전략을 적용하면 유연하고 효과적으로 시장을 따라갈 수 있다. 경험상 시장 대비

2~3%의 초과 성과도 낼 수 있을 뿐만 아니라, 시장을 바라보는 폭넓은 안목도 키울 수 있다. 무엇보다 가장 큰 장점은 주식을 바라보는 시야를 용이하게 넓힐 수 있다는 점이다. '스타일'이라고 하는 것이 주식의 '묶음'이기 때문에 겉으로 보기에는 정량적인 구분으로 정의될 수 있지만, 실제 투자에서는 시장 심리라는 요소의 영향력이 크게 작용한다. 이 묶음은 투자자의 일부 특정 심리도 반영하지 않을 수 없다. 따라서 스타일을 특정 주식이 대표한다고 볼 수도 없다. 시장에 따라 산업도 달라지지만 환경과 투자자의 심리도 달라지기 때문이다.

가령 애플이라는 주식을 보자. 시대를 이끌고 있는 대표주자답게 주가도 매우 많이 상승했다. 2002년 100배가 넘게 상승했던 애플의 PER은 2015~2018년에는 20배 미만에서 머물다 코로나19 사태 이후 2020년 2분기 말 기준으로 35배 수준까지 상승했다. PER 상승 및 밸류에이션 부담에도 성장주처럼 주가가 상승한 이유는 폭발적인 ROE 상승 때문으로 보인다.

스티브 잡스(Steve Jobs)의 부재에도 불구하고 시장의 우려와 달리 여전히 기존의 틀을 파괴하면서 아이폰, 아이패드 등의 아이템을 지속적으로 업그레이드하고 있다. 더불어 고객의 니즈를 정확히 파악한 애플리케이션을 지속적으로 적용하면서 생활 속에서 그 영역을 확대해가고 있다. 아이폰의 판매 실적은 아시아 부품 기업들의 실적을 좌우하고 있으며, 코로나19 사태에도 굴하지 않고

앞서가는 서학개미를 위한 해외주식 투자지도

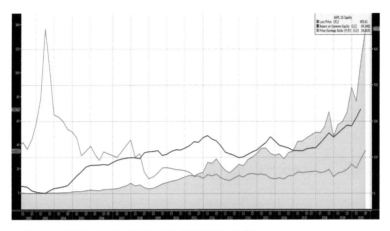

▶ 애플의 주가(파란색)와 PER(붉은색), ROE(회색) 그래프

중국 공장의 가동 여부가 시장의 투자 심리를 좌우는 결정적인 요소로 작용했다. 그러므로 애플이 어떤 스타일의 주식인지가 매우 중요한 대목이다. 주가만 보면 분명 가치주의 범위는 벗어난 것으로 보이지만, 재무 상황을 보면 가치주까지는 아니더라도 충분히 퀄리티주의 범주에 속한다고 본다.

월마트는 어떤가? 글로벌 금융위기였던 2008년, 유가 하락 기간이었던 2015~2016년, 리세션 우려가 있었던 2018년 말 월마트 주가의 변동성은 S&P500 대비 현저히 낮은 모습을 보였다. 그러나 매출 부진에 시달리며 다 죽어가던 월마트는 온라인 매출 증

• 리세션은 경기 후퇴의 초기 국면에 하강 과정으로 전환하는 단계를 뜻한다.

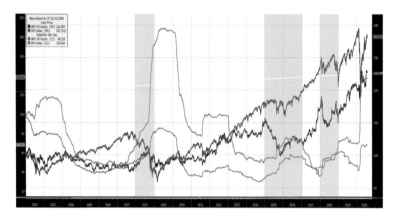

▶ 월마트의 주가(검은색), S&P500(붉은색), 월마트 1년 변동성(회색), S&P500 1년 변동성(분홍색) 그래프

대라는 목표를 세우며 최근 3~4년간 완전히 다른 회사가 되었다.

월마트 대표이사와 직원들은 무력감을 떨치고 옛날의 영광을 되찾고자 시장이 원하는 공급망과 마케팅을 위한 인프라를 구축해 나아갔다(월마트는 2000년대 중반까지만 하더라도 S&P500 시가총액 10위권 안에 드는 기업이었다). 사업 다각화와 구조조정을 통해 월마트는 가치주뿐만 아니라 로우볼주로도 자리매김하고 있다. 매출이 안정적으로 확대되면서 월마트를 바라보는 시장의 시선이 다양해졌고, 시장이 급히 상승하면서 밸류에이션에 부담을 느낀 투자자들이 안정적인 성장을 기대하며 월마트에 투자하기 시작했다. 이렇게 안정적인 주가 상승을 기록한 월마트는 재건 신화를 바탕으로 가치주로 스타일을 바꿔 자리매김할 것으로 보인다. 2020년 폭락장에서 보여준 시장 방어력을 미루어볼 때 저변동성주, 가치주의 개념을 떠나 주식쟁이들이 항상 포트폴리오에 필히 포함시켜야 하는 종목으로 변모할지도 모른다.

스타일 전략은 '나무'와 같이 좁은 시야가 아니라 '숲'을 보는 넓은 투자방법임을 잊지 말자.

포트폴리오
구축 노하우

경제는 순환한다. 때로는 고점을 기준으로 하락하거나 침체되기도 하지만 다시 상승하는 '순환적' 사이클을 이루고 있다. 투자자들은 이러한 경제를 투자라는 관점에서 바라보고, 실제로 시장에 참여하며 자본 거래를 한다. '시장'은 '경제'보다 선행해서 움직이는데, 특히 마켓사이클을 이루는 '주식'이라는 자산의 사이클은 경제보다 일정 기간 앞서 움직인다. 따라서 주식 투자자들은 시장의 흐름과 마켓사이클을 보다 면밀히 파악하고, 현 시점이 마켓사이클에서 정확히 어디에 위치해 있는지 파악하고 대응해야 한다.

시장의 확장기, 후퇴기, 침체기, 회복기에 맞는 스타일 전략이 따로 있는 이유는 시기별로 경제가 움직이는 방향이 다르기 때문이

▶ 마켓사이클과 경제사이클에 따른 스타일 전략

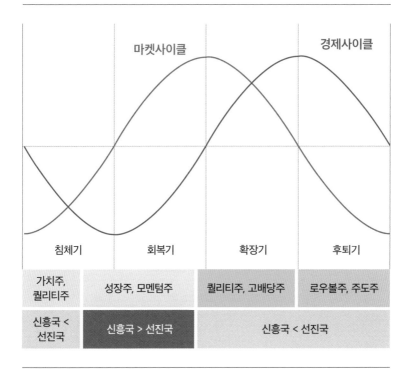

침체기	회복기	확장기	후퇴기
가치주, 퀄리티주	성장주, 모멘텀주	퀄리티주, 고배당주	로우볼주, 주도주
신흥국 < 선진국	신흥국 > 선진국	신흥국 < 선진국	

다. 시장 상황에 따라 상대적으로 이익이 좋고 유망한 기업들이 다르기 때문에 기업에 대한 투자자들의 선호도 역시 달라지며, 이러한 선호도의 변화는 투자의 유동성 색깔을 변화시키고 그것이 스타일을 구분 짓는 요소가 된다. 따라서 필자는 '스타일 전략'이란 요소에 투자자의 심리가 반영되거나, 시장이 스타일 전략의 요소를 반영하기도 하는 등 서로 공존하는 관계라고 생각한다.

물론 스타일 전략을 경제 상황이나 시장 상황에 맞게 적용하는 일은 매우 어렵다. 하지만 그보다 더 어려운 것은 마켓사이클을 판단하는 기준과 방법이다. 앞서 몇 가지 지표와 방법으로 마켓사이클의 방향성과 분위기를 알 수 있다고 이야기했지만, 사실 정확하게 예측하기는 굉장히 어렵다. 시장 대응 측면에서 매우 포괄적인 개념이기 때문에 포트폴리오에 적용하기가 쉽지 않은 것이다. 따라서 글로벌 시장을 추종하는 투자자가 실제적 포트폴리오를 구축하기 위해서는 다음과 같은 몇 가지 가정과 원칙으로 투자 범위를 제한할 필요가 있다.

1. 현금자산의 비중은 최대 10% 수준으로 제한한다.

글로벌 시장을 추종하되 현금자산의 비중은 최대 10% 수준으로 제한해야 한다. 간혹 일정 시점에서 현금 비중을 50%까지 확대하는 등 변화를 주는 경우가 있는데, 이런 자산배분은 가급적이면 하지 않는다. 왜냐하면 시장을 믿고 시장에 맡기는 것이 시장 추종자의 기본 자세이기 때문이다.

2. 마켓사이클에 맞는 스타일 전략의 비중은 30% 수준이 좋으며, 미국주식을 주로 활용한다.

'유럽 저변동성주' '중국 가치주' 등과 같이 특정 국가보다는 가급적이면 미국으로 한정해야 한다. 왜냐하면 미국 시장 외에는 적용할 수 있는 정교한 투자자산이 다양하지 않기 때문이다. 물론 해당 국가의 주식을 하나하나 골라서 유형화한다면 가능한 일이지만, 이는 국민연금이나 한국투자공사와 같은 대형 투자기관에서나 가능한 일이다. 엄청난 인프라와 정교한 리서치가 뒷받침되어야 한다는 말이다. 효율성을 고려할 때 개인투자자인 우리의 포트폴리오는 '미국'에 중점을 두는 것이 맞다. 사실 미국으로 범위를 한정 지어도 매우 어려운 일이다.

3. 이머징 시장 내 국가 구분은 되도록이면 지양한다.

신흥국, 즉 이머징 시장에 투자할 때는 되도록 국가를 구분하지 않는다. 쉽게 말해 이번 분기에 인도가 좋아서 인도 비중을 확대하고, 다음 분기에 러시아가 좋을 것 같아서 러시아 비중을 확대하는 식의 자산배분은 비현실적이라고 본다. 이머징 시장을 분석할 때 가장 중요한 것은 정치 상황과 정책이지만, 개인투자자가 이를 국가별로 시시각각 확인하고 단기적으로 포트폴리오에 적용할 수는 없다. 재무제표, GDP 등의 데이터는 후행하기 때문에 신흥국처럼 변동성 높은 시장에서는 사실상 활용이 어렵다. 대신 환율, 매크로 분석을 통한 톱다운 방식(top-down approach)으로 자산배분 수준의 지역 단위 투자는 해볼 만하다.* 물론 투자 기간을 매우

---

* 톱다운 방식이란 거시경제 분석을 바탕으로 세부 기업을 찾아내는 등 하향식으로 투자 전략을 세우는 방식을 뜻한다.

장기로 잡고, 경제사이클도 긴 안목으로 내다본다면 일부 국가별 투자도 고려할 수 있다. 하지만 현실적으로 개인투자자가 러시아에 3년 투자한 다음 브라질에 10년간 투자하는 식으로 투자 전략을 세우는 건 현실성이 떨어진다고 본다.

📈
투자 기준과
투자자산

그러면 이제부터 글로벌 주식 시장이라는 추상적인 그 '무엇'에 투자하기 위한 포트폴리오 구성을 본격적으로 고민해보자. 먼저 선행되어야 하는 점은 투자 기준을 마련하는 것이다. 우리는 이를 흔히 벤치마크(benchmark)라고 부르는데, 벤치마크야말로 글로벌 주식 시장의 실체라고 해도 과언이 아니다(S&P, MSCI, FTSE, Russell 등의 인덱스는 그 주식 시장의 실체를 다양한 방식으로 표현한 결과물이라고 봐도 무방하다). 투자 시뮬레이션을 위해 필자는 MSCI ACWI, 즉 전문가들 사이에서 '아퀴(ACWI; All Country World Index)'라고 불리는 지수를 활용할 것이다. 이는 실제 기관투자에서도 많이 활용하는 지수다.

MSCI ACWI는 공신력이 가장 높은 기관 중 하나인 모건스탠리 캐피털 인터내셔널에서 만들어졌다. 해당 인덱스에는 미국 시

앞서가는 서학개미를 위한 해외주식 투자지도

▶ MSCI ACWI 주요 국가별 비중(2020년 12월 31일 기준)

국가	비중
미국	57.28%
일본	6.77%
중국	5.2%
영국	3.75%
프랑스	2.96%
대한민국	1.7%

장이 전 세계 50% 이상인 점을 그대로 반영했고, 영국을 포함한 유럽을 약 20%, 중국 및 남미를 포함한 이머징 시장을 약 20%, 일본을 약 7% 수준으로 나타낸다. 국가별 시장의 영향력은 다소 왜곡될 수 있겠으나, 현재 글로벌 주식 시장을 가장 대표한다고 믿어 의심치 않는 지수다.

이 밖에 MSCI ACWI를 이루고 있는 선진국 인덱스(MSCI World Index), 이머징 시장 인덱스(MSCI Emerging Index), 일본을 제외한 아시아 시장 인덱스(MSCI Asia ex Japan) 정도의 대분류 지역 인덱스도 알아둘 필요가 있다. MSCI 공식 사이트(www.msci.com)에 접속하면 이러한 자료들을 찾아볼 수 있으니 참고하기 바란다. 이러한 지역 인덱스와 별도로 국가 인덱스도 중요한데 일본의 니케이 225, 유럽의 유로 스탁스50, 독일의 닥스30(DAX30), 프랑스의 카크40(CAC40), 미국의 3대 지수(S&P500, 나스닥, 다우존스 산업평균지

▶ MSCI ACWI GICS 섹터별 비중(2020년 12월 31일 기준)

섹터	비중
정보 기술	21.86%
금융	13.46%
헬스케어	13%
소비재	11.86%
산업재	9.68%
커뮤니케이션 서비스	9.26%
필수 소비재	7.38%
소재	4.92%
에너지	3.02%
유틸리티	2.99%
부동산	2.57%

수), 중국의 상해종합지수 및 CSI300, 홍콩의 항생지수도 알아야 한다. '자산배분'이라는 영역에 제대로 진입하기 위해서는 언급한 12개 인덱스의 성격과 구성에 대한 공부가 필수적이다. 특히 국가별 GICS 섹터별 비중은 매우 중요하다.

자산배분 및 투자 전략에 대해 알아보기에 앞서 투자자산부터 결정해야 한다. 이미 서문에서 해외 상장 ETF로 투자방법을 구체화하겠다고 언급했지만, 더 중요한 것은 그 이유다. 필자는 펀드매

• GICS는 스탠더드앤드푸어스와 모건스탠리 캐피털 인터내셔널이 1999년에 공동 개발한 증권 시장 전용 글로벌 산업 분류 기준이다.

앞서가는 서학개미를 위한 해외주식 투자지도

니저로서 액티브 해외펀드를 투자자산으로 매우 선호한다. 펀드매니저의 공이 얼마나 많이 들어가 있는지 알기 때문에 펀드만 잘 골라도 투자의 고민에서 당분간 해방될 수 있기 때문이다. 하지만 해외펀드의 가장 큰 단점은 매수·매도에 따른 시간이 너무 오래 걸린다는 점이다. 펀드마다 다르지만 보통 환매 신청 이후 4~5영업일 환매 기준가 결정, 8~9영업일 투자금 지급이 기본인데, 이는 변동성이 매우 큰 시기에는 불리하게 작용할 수 있다. 반면 해외 상장 ETF의 경우 매수·매도가 당일에 가능하다. ETF의 종류도 다양해 펀드에 비하면 선택의 폭도 넓다.

자산배분의 관점에서도 ETF가 펀드보다 유리할 수 있다. 과거 필자는 『해외 주식투자의 정석』에서 해외주식 투자를 자동차 게임에 비유한 적이 있다. ETF 투자를 수동 운전으로 비유했는데, 운전만 잘하면 급회전 구간과 난코스 구간에서 유연한 움직임으로 좋은 결과를 낼 수 있기 때문이다. 보통 ETF는 지역별, 국가별, 섹터별 인덱스를 벤치마크로 삼고 있기 때문에 베팅을 섬세하게 할 수 있다. 즉 원하는 곳에 정확히 던지면 펀드보다 고득점을 올릴 확률이 높다.

예를 들어 어떤 투자자가 '이번 분기에는 이머징 시장, 그중에서도 중국 시장에 대한 비중을 줄여 미국 시장 비중을 늘린다.'라고 판단했다고 가정해보자. 투자자의 판단에 맞게 시장이 움직인다면 내내 미국에만 투자한 사람보다 단 1%라도 더 벌었을 것이

▶ 주요 투자자산별 세금 체계

구분	주식/국내 ETF	국내 상장 해외 투자 ETF	국내주식 펀드	해외주식 펀드	해외 상장 ETF	해외주식 (해외 상장)
매매 차익	-	15.4%	15.4%	15.4%	22%	22%
배당/ 분배금	15.4%	15.4%	-	-	15.4%	15.4%
금융종합 과세	배당/ 분배금에 한함	해당	해당	해당	분배금에 한함	배당에 한함

다. 펀드는 매수·매도 기간이 길고 종류도 많지 않아 이렇게 유연하게 투자하기가 버겁다. 물론 투자자의 판단과 실력에 따라 변동성이 커질 수도 있다.

　마지막으로 해외 상장 ETF는 해외주식 펀드보다 세금 측면에서 유리할 수 있다. 글로벌 주식에 투자하는 해외주식 펀드는 금융종합과세 대상이다. 매매 평가손익에 대해 15.4%의 배당소득세를 과세하고, 배당소득 2천만 원 초과 시 금융종합과세 대상이 된다. 하지만 해외 상장 ETF의 경우 매매 평가손익에 대한 세금이 양도소득세 22%(250만 원 공제)뿐이다. 매매 차익이 2천만 원이 넘더라도 금융종합과세 대상에서 제외된다. 다만 ETF에서 발생되는 분배금에 대해서는 배당소득세로 분리 과세되고 금융종합과세 대상이 된다.

앞서가는 서학개미를 위한 해외주식 투자지도

📊
마켓사이클별
포트폴리오

MSCI ACWI는 글로벌 투자의 기본이다. MSCI ACWI를 기준으로 자산배분을 진행하면, 글로벌 시장에 투자하면서 효과적인 초과수익 방법을 고민해볼 수 있다. 예를 들어 MSCI ACWI에서 캐나다의 비중은 3% 수준이지만, 미국의 영향력을 고려할 때 이 부분은 미국의 비중으로 대체해도 무방해 보인다. 영국도 4% 수준이지만 마찬가지로 브렉시트에 따른 변동성을 고려할 때 당분간은 유로존 비중으로 통합해서 운용해도 큰 차이가 없어 보인다. 다만 일본의 경우 시장 자체의 규모가 크기 때문에 비중에 준하는 만큼 투자하는 것이 좋다. 앞서 언급한 대로 초과수익을 위한 리밸런싱은 미국 비중 내 스타일 전략에 따른 분류와 섹터에서 이뤄질 것이다.* 시장 분위기에 따라 선진국과 신흥국의 비중을 조정할 수도 있다. 유럽 내 일부 섹터와 국가, 이머징 국가에 대한 투자는 일부만 가능하며, 이머징 시장은 변동성을 고려할 때 선진국 비중 대비 5%를 넘지 않는 것이 좋다.

---

* 리밸런싱은 운용하는 자산의 편입 비중을 재조정하는 일을 뜻한다.

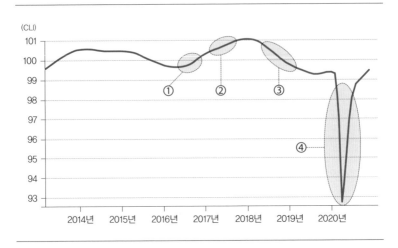

자, 그럼 이제부터 MSCI ACWI를 기준으로 시장 추종자를 위한 실제 시장에 적용 가능한 마켓사이클별 포트폴리오를 알아보겠다. 참고로 '협의의 경제사이클'을 앞서 정의한 마켓사이클에 적용했다는 점을 다시 한번 강조하고 싶다(경제사이클은 정의에 따라서 주기와 기간이 달라질 수 있다).

① 회복기의 포트폴리오

회복기부터 보자. 회복기란 경제지표가 아직 바닥을 찍기 전이거나, 바닥을 찍은 직후를 의미한다. 시장에는 조금씩 희망이 감도는데, 이 경우 가치주와 퀄리티주가 각광을 받는다. 특히 이 시기 초반에는 가치주의 선호도가 높고, 후반부로 갈수록 퀄리티주의

▶ 회복기의 포트폴리오 비중 및 스타일 전략

구분	MSCI ACWI 비중	적용 비중	비고	스타일 전략
미국	57%	62%	벤치마크 +2% (캐나다 포함)	·가치주와 퀄리티 주의 투자 비중이 미국 비중 내 30%, 포트폴리오 전체 20% 초과를 목표로 한다. ·경기민감주 비중이 높은 독일의 비중을 확대한다.
캐나다	2.7%	0%	미국으로 포함	
유로존	14%	16%	벤치마크 +2%	
영국	3.8%	2%	벤치마크 -1.8%	
일본	7.5%	7.5%	벤치마크 수준	
이머징 시장	14.5%	12.5%	벤치마크 -2%	

선호도가 높아진다. 왜냐하면 싼 주식이 정상화될 것이라는 믿음과 더불어 그나마 재무제표가 좋은 기업에 대한 신뢰가 형성되기 때문이다.

회복기의 초과수익을 위한 스타일 전략은 가치주 전략과 퀄리티 전략이다. 또한 신흥국은 선진국에 비해 침체에서 벗어나는 속도가 느리고, 부양 정책 카드가 많지 않아 비중을 보수적으로 가져가야 한다. 실제로 2008년 글로벌 금융위기 직후에도 선진국의 시장이 먼저 떠올랐다.

되돌아보면 가장 최근의 회복기는 2016년 3~4분기 정도가 되는 것 같다. 경제지표의 반등을 선반영하는 OECD 경기선행지수 기준으로는 2분기 정도가 된다. 미국의 경제가 회복되면서 글로벌 경제도 안정기에 접어들었지만 금리 인상을 기정사실화한 2015년

2분기부터는 이머징 시장, 특히 중국의 경착륙이 우려되는 시기였다. 이에 따라 금리 변동을 2015년 하반기까지 연기할 수밖에 없었다. 2016년 초는 중국 경제의 하방 압력과 유가 하락 등의 이슈로 일시적으로 시장에 작은 침체가 왔다고 볼 수 있다. 따라서 여러 이슈들을 감안하면 2~3분기가 되어서야 바닥을 찍었다고 보는 것이 합리적이다.

경제사이클을 읽는 것은 매우 어렵다. 데이터가 늦게 발표되는 것이 가장 큰 문제인데, 이를 극복하기 위해 각국의 미시적인 데이터 등을 활용하곤 한다. 하지만 투자 시장은 경제사이클을 안다고 쉽게 대응할 수 있는 영역이 아니기 때문에 경제사이클을 선행하는 마켓사이클을 주시할 필요가 있다. 물론 주식 시장은 이보다도 선행해서 움직이므로 예측이 어렵다. 그나마 일반인이 마켓사이클을 읽는 가장 편한 방법은 OECD 경기선행지수를 보는 것이다. GDP는 발표 자체가 너무 지연되기 때문에 그나마 OECD 경기선행지수가 시의성이 있는 편이다.

결국 회복기에 가장 유념해야 할 부분은 가치주 전략에 무게를 실어야 한다는 것이다. 2010년 이후 글로벌 선진국에서 가치주를 지향하는 펀드매니저의 씨가 말랐다고 할 정도로 가치주 전략이 소외받는 시기를 보내고 있지만, 가치주의 움직임에 주목해야 하는 이유는 기간이 짧든 길든, 그나마 가치주가 회복기에 제대로 역할을 하기 때문이다. 이 시기에 가치주를 노리면 효과적으로 초

앞서가는 서학개미를 위한 해외주식 투자지도

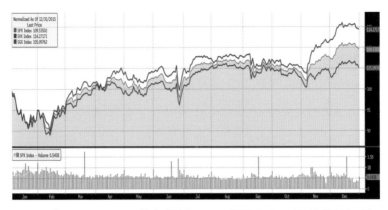

▶ 2016년 S&P500(파란색) 대비 가치주(초록색), 성장주(빨간색)의 성과를 비교한 그래프

과수익을 낼 수 있다.

마켓사이클상 턴어라운드의 움직임이 나타나는 시기는 경제 사이클이 침체기이거나 침체기 끝자락에 다다랐을 때다. 그래서 투자할 용기가 나지 않을 수도 있지만, 선행해서 움직이는 지표들의 하락폭이 줄어들면 경기민감주보다 가치주가 초과 성과를 내게 된다. 경기가 '진정' 살아날 기미가 보이면 투자자들의 이목은 가치주에 쏠릴 수밖에 없다. 경기가 바닥이라는 생각이 들면 투자자들은 더 떨어지지 않을 주식을 찾게 되고, '밸류에이션 베팅' '펀더멘털 트레이딩'의 수혜를 받게 된다.

시장을 다시 복기해보자. 2016년 1월 이후를 회복기로 보고 바르게 대응했다면 가치주 전략으로 초과수익을 얻었을 것이다. 다보스 포럼에서 제4차 산업혁명에 대해 공식적으로 논의했음에도 불구하고 가치주가 선전했다. 가치주는 S&P500 대비 5% 수준으로 초과수익을 기록했고, 성장주는 4% 수준으로 하락해 언더퍼폼(underperform) 하는 모습을 보였다.*

포트폴리오의 미국 비중에서 가치주 전략 외에 신경 써야 할 부분은 퀄리티 스타일과 나스닥에 대한 비중이다. 마켓사이클의 회복기가 경제사이클에선 침체기에 포함될 수 있기 때문에 '믿을 것은 실적과 숫자밖에 없다.'라는 심리가 반영될 수 있다. 그래서 퀄리티주가 떠오르게 된다. 물론 퀄리티주가 100% 아웃퍼폼 한다고 확신하는 것은 아니지만, 적어도 필자는 이 시기에 퀄리티 전략으로 손해 본 경험이 없다. 나스닥은 스타일 전략과 연관된 투자는 아니지만 산업의 지속성을 고려한 핵심자산 투자다. 유럽과 미국, 일본의 비중을 소폭 높이고 이머징 시장 비중을 낮춘 이유는 회복기에는 이머징 시장이 선진국보다 선행해서 턴어라운드 하기 어렵기 때문이다.

물론 이머징 시장도 개별 국가 단위에서는 외국인직접투자(FDI; Foreign Direct Investment)를 끌어들이고, 금리를 낮춰 다른

---

* 언더퍼폼은 해당 주식의 하락률이 기준(보통 인덱스)보다 더 큰 것(상승률일 경우 더 작은 것)을 의미하고, 이를 예측해 해당 주식 비중을 축소 또는 매도하는 의견을 언더웨이트(under weight)라고 한다. 반대로 특정 주식 하락률이 기준보다 더 작을 것(상승률일 경우 더 클 것)을 예상해 해당 주식 비중 확대 또는 매수하는 의견을 낼 때는 오버웨이트(over weight)라고 한다. 성과가 기준보다 클 경우에는 아웃퍼폼(outperform)이라고 한다.

▶ 시장 추종자의 회복기 ETF 포트폴리오

구분	ETF 종목	적용 비중	비고
미국	SPY ETF	20%	S&P500
	QQQ ETF	10%	나스닥
	DIA ETF	10%	다우존스
미국 스타일 전략	IVE ETF	12%	가치주 전략
	QUAL ETF	10%	퀄리티 전략
유럽	HEDJ ETF	8%	유럽 대표주
	FEZ ETF	4.5%	유럽 대표주
유럽 스타일 전략	EWG ETF	3.5%	독일 닥스30
	EWU ETF	2%	영국 FTSE100
일본	EWJ ETF	7%	일본
이머징 시장	EEM ETF	8.5%	이머징 시장 전체
	AAXJ ETF	4%	일본 제외 아시아

행보를 보일 수 있다. 다만 상승하더라도 변동성이 확대될 수 있으며, 이머징 국가가 인플레이션을 무시하고 돈을 풀어 경기를 부양하면 그 자체가 더 큰 리스크를 내포할 수 있다. 앞서 언급했듯이 특정 이머징 국가에 대한 투자는 반드시 심사숙고해야 한다.

2016년 1월 시장이 하락하는 과정에서 각국의 정책적 대응을 주시했다면 바닥에 진입하는 시기에 회복기 포트폴리오를 구성할 수 있었을 것이다. 이를 보수적으로 운용해 2016년 12월까지 투자했다고 가정하면 10.14%의 수익률을 얻게 된다. 이는 MSCI ACWI 5.63% 대비 약 5%의 초과 성과를 기록한 것이다. 물론

2016년 4분기부터 마켓사이클이 확장기의 면모를 보이기 시작했기 때문에 4분기부터는 다른 포트폴리오를 운용하는 것이 더 적합했을 것이다. 그러나 당시에 이를 예상하기란 매우 어려운 일이어서 12월까지 운용하는 것으로 가정했다.

② 확장기의 포트폴리오

회복기를 지나면 경기가 확장기로 접어든다. 확장기에는 경제지표만으로도 바닥을 지났음을 확인할 수 있어 주가 상승 속도가 다소 빨라진다. 심지어 주가가 비싸다는 밸류에이션 논쟁이 벌어질 수도 있다. 확장기는 앞서 언급했듯이 모멘텀 전략과 성장주 전략으로 초과 성과를 도모해야 한다. 이때는 비싼 주식에 돈이 더

▶ 확장기의 포트폴리오 비중 및 스타일 전략

구분	MSCI ACWI 비중	적용 비중	비고	스타일 전략
미국	57%	59%	벤치마크 수준(캐나다 포함)	· 성장주와 모멘텀 주의 투자 비중이 미국 비중 내 30%, 포트폴리오 전체 20% 초과를 목표로 한다. · 이머징 시장 비중을 확대한다. 특히 중국 비중을 확대한다.
캐나다	2.7%	0%	미국으로 포함	
유로존	14%	16%	벤치마크 -1.8%(영국 포함)	
영국	3.8%	0%	유로존으로 포함	
일본	7.5%	6%	벤치마크 -1.5%	
이머징 시장	14.5%	19%	벤치마크 +4.5%	

많이 몰리는 경향이 있어 잘나가는 주식이 더 잘나가게 되는 성향을 포트폴리오에 반영할 필요가 있다.

특히 확장기에는 '성장'이 다가온다는 믿음이 팽배해져 이머징 시장의 주식이 선진국보다 성과가 좋을 수 있다. 하지만 아무리 그래도 미국의 비중을 줄일 만큼은 아니라고 생각한다. 미국은 시기를 불문하고 시장을 이끌어갈 핵심 기술을 가진 국가다. 투자의 측면에서도 코어자산에 속하기 때문에 단순히 선진국이라서가 아니라 코어자산이라는 관점에서 접근해야 한다. 신흥국 주식의 비중을 늘리기 위해 벤치마크 대비 비중을 축소할 이유가 전혀 없다는 뜻이다. 다만 비중은 그대로 유지하되 스타일 전략과 섹터 측면에서 어느 정도 자산배분이 가능한데, 초과수익을 추구하기 위해 기술주의 비중을 확대하는 것이다. 기술주가 절반 이상을 이루고 있는 나스닥의 비중을 대폭 확대하는 식으로 성장주와 모멘텀주를 늘릴 필요가 있다.

물론 기술주로의 쏠림 현상이 있을 수 있기 때문에 전통산업이 다수 포함된 다우존스 비중도 일부 유지할 필요가 있다. 더불어 이머징 인덱스에서도 자연스럽게 중국 비중이 확대된다. 이머징 지수 자체가 중국 포지션을 40%가량 가지고 있기 때문에 이머징 시장에 대한 투자를 늘리면 중국 비중도 늘어날 수밖에 없다. 예를 들어 이머징 시장에 20% 수준으로 투자하면 중국 비중이 8%가 되는 식이다. 글로벌 시장에서 중국이 차지하는 비중(4~5%)을 고려하면 글로벌 시장 대비 3~4% 더 중국에 투자하게 된다. 그러나 2~3% 수준은 G2로 부상하는 중국의 발전 가능성을 감안하면 장기투자 측면에서 충분히 용인 가능하다.

유럽은 확장기에서 비중을 많이 높일 수 없는데, 그 이유는 상대적으로 미래 먹거리 산업이 부족하기 때문이다. 유럽은 금융, 소비재 면에서는 강세를 보이고 제조업도 일부 있긴 하지만 시야를 세계로 넓히면 미국, 중국에 비해 영향력이 높지 않다. 다시 말해 유럽의 산업은 '미래'가 아닌 '현재'에 초점이 맞춰져 있어 유럽 주식 전반에 대한 기대수익률을 측정하기가 쉽지 않다. 물론 최근 친환경·신재생 에너지 관련 투자가 활성화되면서 몇몇 유럽 주식이 떠오르고 있지만 확장기에는 보수적으로 접근할 필요가 있다. 그나마 성장이 본격화되면 유럽에서는 제조업 기반의 독일이 가장 두드러

앞서가는 서학개미를 위한 해외주식 투자지도

▶ 시장 추종자의 확장기 ETF 포트폴리오

구분	ETF 종목	적용 비중	비고
미국	SPY ETF	20%	S&P500
	QQQ ETF	10%	나스닥
	DIA ETF	5%	다우존스
미국 스타일 전략	IVW ETF	12%	성장주 전략
	MTUM ETF	12%	모멘텀 전략
유럽	HEDJ ETF	7%	유럽 대표주
	FEZ ETF	3%	유럽 대표주
유럽 스타일 전략	EWG ETF	3%	독일 닥스30
	EWL ETF	3%	스위스
일본	EWJ ETF	6%	일본
이머징 시장	EEM ETF	11%	이머징 시장 전체
	AAXJ ETF	5%	일본 제외 아시아
이머징 스타일 전략	MCHI ETF	3%	중국

지게 떠오른다. 이 시기엔 독일의 비중을 높여 투자하는 전략이 합리적이라고 본다. 다만 미국도 성장주 비중을 높인 상황에서 유럽까지 성장주에 치우치면 포트폴리오 밸런스가 무너질 수 있으므로 방어주 성격이 강한 스위스의 비중을 동일비중으로 투자하면 좋다.

OECD 경기선행지수에서 성장기로 볼 수 있는 대표적인 시기는 2016년 말부터 2017년 3~4분기까지를 볼 수 있다. 2016년 4분기부터 2017년 3분기까지를 회복기로 고려하고 MSCI ACWI 성과와 확장기 ETF 포트폴리오의 성과를 비교하면, 2017년 3분기

말을 기점으로 해당 기간 동안 21.87%의 수익률이 산출된다. 글로
벌 주식 시장의 수익률(16.77%)과 비교해 5.1%의 초과수익을 얻게
된 것이다. 초과수익은 대부분 나스닥과 성장주에서 발생했으며
신흥국, 특히 중국도 일정 부분 기여했다.

③ 후퇴기의 포트폴리오

후퇴기를 감지하는 것은 매우 어려운 일이다. OECD 경기선행
지표와 ISM 제조업·비제조업 구매관리자지수가 미리 하락해 경기
하강을 예상할 수 있다면 더할 나위 없겠지만, 경제지표는 보통 후
행하기 때문에 이를 주식 시장에 적용하기란 쉽지 않다. 후퇴기를
감지하기 위해선 많은 경험과 노하우가 필요하다. 만일 후퇴기를

감지하게 되면 그에 맞는 포트폴리오를 구성해야 하는데, 후퇴기에 제대로 대응하기 위해선 최대한 포트폴리오의 변동성을 줄여야 한다.

후퇴기 뒤에 침체기가 항상 따라오는 것은 아니기 때문에 '안전자산 선호(risk off)' 모드로 완전히 돌아설 필요는 없지만, 보수적인 관점을 반영하는 자세가 필요한 시기다. 실제로 이러한 자세를 투자에 옮기는 '과정'이 리스크를 줄이고 초과수익률을 보존하는 데 매우 중요하게 작용한다.

후퇴기 초입에 들어서면 더 이상 주가도 눈에 띄게 오르지 않고 '이러다 경제가 잠시 멈출 수 있겠다.' 하는 애매한 느낌이 든다. 이러한 '애매한 느낌'은 보통 경제지표보다는 환율과 시장 분위기로 먼저 나타나는데, 엔화와 달러는 강세로 살짝 돌아서고 채권 금리도 아래쪽으로 꿈틀대는 현상이 벌어진다. 주식으로 어느 정도 성과가 나타났을 때 이러한 상황을 맞이하게 되면 우선 포트폴리오에서 점진적으로 선진국의 비중을 확대해야 한다. 더불어 달러자산을 확대하는 방법도 고민해야 한다.

다시 강조하지만 침체기가 아닌 후퇴기에는 변동성을 축소하는 것이 목적이다. 후퇴기 이후 다시 침체기를 거치지 않고 회복기로 돌아서는 경우도 자주 벌어지기 때문에 함부로 예단해 섣불리 침체기 포지션을 구축해선 안 된다. 시장 추종자라면 더더욱 지양해야 하는 자세다.

복기해보면 2018년 초부터 후퇴기의 분위기가 시작된 것 같다. 후퇴기의 정의를 굳이 따지자면 시장의 정점 이후를 지칭하는 것이지만, 이를 칼같이 알아채고 구분할 수는 없는 노릇이다. 투자자의 관점에서 보더라도 이미 2017년도 4분기부터 OECD 경기선행지수의 상승률은 둔화되었고, 미국 법인세 감면 효과가 반영된 뒤라는 분석이 여기저기에서 나오던 시기였다. 하지만 그 뒤로 2~3개월 상승장이 이어졌기 때문에 '2017년 9월 30일 확장기 끝, 2017년 10월 1일 후퇴기 시작' 이렇게 대응할 수 있는 가능성은 지금 생각해도 '제로'에 가깝다.

결국 기존의 포지션을 지속적으로 유지하면서 리밸런싱의 단서를 찾기 위해 꾸준히 노력하는 수밖에 없다. 그런데 다행히 그 단서가 2018년 2월 초에 뚜렷이 나타난다. 2018년 2월, 시장이 한 차례 급락한 이후 제대로 반등하지 못했고 변동성도 크게 확대되었다. 따라서 현실적으로 적어도 2018년 1분기 말부터 정점에 다다랐다는 점을 인정하고 후퇴기에 대비하는 것이 합리적이었을 것이다. 물론 이 시기엔 OECD 경기선행지표도 하락세를 이어갔다.

2017~2018년 초 시장 상황을 회복기와 후퇴기에 대입하는 것을 보며 혹자는 '끼워 맞추기' 아니냐고 반론할지도 모른다. 이러한 장이 반복된다는 보장도 없고, 유사한 상황에 직면할 가능성도 낮기 때문이다. 하지만 한 가지 분명한 것은 주가가 어느 정도 상승한 상황에서는 어떠한 이유로든 급락이 찾아오면 기간의 장단과

▶ 후퇴기의 포트폴리오 비중 및 스타일 전략

구분	MSCI ACWI 비중	적용 비중	비고	스타일 전략
미국	57%	60%	벤치마크 수준(캐나다 포함)	· 퀄리티주, 로우볼주, 고배당주 중심으로 구성한다. · 유럽에서도 고배당주를 포트폴리오에 포함한다.
캐나다	2.7%	0%	미국으로 포함	
유로존	14%	16%	벤치마크 -2%(영국 포함)	
영국	3.8%	0%	유로존으로 포함	
일본	7.5%	6%	벤치마크 -1.5%	
이머징 시장	14.5%	12%	벤치마크 -2.5%	
현금	0%	6%	-	금으로 대체 가능

상관없이 후퇴기에 대응해야 한다는 것이다. 이러한 자세는 어떤 상황에서든 유효하다고 생각한다.

다시 한번 강조하지만 시장은 예상이 아니라 대응의 영역이다. 필자는 10% 이상 조정이 오면 일단 단기적으로 리밸런싱을 통해 후퇴기 포트폴리오를 구축한다. 그러다 일정 기간 이후 다시 S자 커브를 그리면서 상승하면 그때 다시 확장기 대응을 해도 늦지 않다. 명심하자. 좀 더 먹자고 욕심부리다가는 시장에 먹힐지도 모른다.

후퇴기의 포트폴리오는 미국 중심이다. 후퇴기에는 오히려 비중을 더 늘려야 한다. 다만 미국에서도 성장주보다는 로우볼주와 고배당주, 재무제표가 좋은 퀄리티주가 중심이 되어야 한다. 유럽

▶ 시장 추종자의 후퇴기 ETF 포트폴리오

구분	ETF 종목	적용 비중	비고
미국	SPY ETF	10%	S&P500
	QQQ ETF	10%	나스닥
	DIA ETF	7%	다우존스
미국 스타일 전략	QUAL ETF	10%	퀄리티 전략
	HDV ETF	10%	고배당주 전략
	SPLV ETF	13%	로우볼 전략
유럽	HEDJ ETF	9%	유럽 대표주
유럽 스타일 전략	IDVY ETF	3%	유럽 고배당주
	EWL ETF	4%	스위스
일본	EWJ ETF	6%	일본
이머징 시장	EEM ETF	8%	이머징 시장 전체
	AAXJ ETF	4%	일본 제외 아시아
현금	-	6%	금으로 대체 가능

에 대한 비중을 많이 줄이지 않은 이유는 배당 친화적인 특징 때문이다. 시장이 후퇴기로 접어들 조짐이 보이면 투자 심리는 '배당이라도 잘 받아야지.' 하는 생각으로 가득 찬다. 배당주가 랠리까지는 아니더라도 상대적으로 수익률이 잘 나오는 시기가 바로 주가가 정점을 찍고 변동성을 키울 때다.*

• 랠리란 주식의 강세가 지속되는 것을 뜻한다.

유럽은 배당률이 높다. 주요 주식들의 배당률은 4%가 넘는 수준이다. 미국의 2배를 넘을 때가 많고, 역사가 오래되고 지속성에 초점을 두는 기업들도 많다. 그래서 배당률을 높이기 위해서는 유럽 우량 주식의 비중을 늘리면 된다. 미국 고배당 기업의 비중에 인색(?)한 이유는 '절대수익 추종자의 길'에서 후술하겠다. 해당 포트폴리오에서는 배당주만큼은 아니지만 배당이 높은 미국 로우볼 주에 대한 투자 비중을 늘렸다. 그리고 과거와 달리 지금은 주도 기업이 기술주이기 때문에 후퇴기라고 해도 기술주의 비중은 일부 유지해야 한다. 일본의 비중은 엔화와 관련이 깊다. 후퇴기에는 안전자산인 엔화의 가치가 오르게 되고, 수출 기업이 많은 비중을 차지하고 있는 일본 기업의 주가는 엔화와 반대로 움직이는 경우가

많았다.

다시 한번 강조하지만 주가 상승 기간에 시장 변동성이 커지면서 금의 가격이 상승하고, 엔화와 달러가 소폭 빠지기 시작하면 후퇴기를 준비해야 한다(설사 경제지표에 징후가 나타나지 않더라도 후퇴기를 대비해야 한다). 이때부터는 변동성을 줄이기 위해 유틸리티, 필수소비재, 헬스케어 등의 섹터를 눈여겨보고, 로우볼주, 고배당주 등으로도 자금을 점진적으로 움직여야 한다.

후퇴기 ETF 포트폴리오를 활용해 2018년 2월 급락장 이후 3월부터 대응했다고 가정해보자. 약 16개월간 포트폴리오는 8.79%, 시장은 -0.76%의 성과를 냈다. 연간으로 따지면 포트폴리오는 시장 대비 약 6%의 초과성과를 기록했다.

'R의 공포'로 혼란스럽던 시장은 2019년 6월 연방공개시장위원회(FOMC)에서 '보험성 금리 인하'의 단서를 내비치자 안정되었다. 시장에서는 '얼마나 안 좋으면 금리를 다시 낮출까?' 하는 회의적인 시각도 존재했으나, 한편으로는 '드디어 이제 끝이 보인다.'라는 희망도 엿볼 수 있었다. 물론 결과적으로 연간 20% 이상의 성과를 기록한 2019년 시장을 침체기로 평가하는 데 논란이 있을 수 있다. 그러나 그 당시 경제 상황을 고려하면 아무리 주식 시장이 상승했다 하더라도 그 시점을 회복기 또는 확장기로 평가하는 사람은 많지 않았다. 주식 시장의 성과는 매우 좋았으나 경기 침체의 우려를 쉽게 떨칠 수 없었다.

앞서가는 서학개미를 위한 해외주식 투자지도

고변동성 시장에서는 위험자산에 베팅하기가 쉽지 않다. 결과를 떠나 설사 후퇴기 포트폴리오로 2019년 하반기를 보냈다고 하더라도 필자는 그 판단이 맞다고 생각한다. 필자 또한 2019년에는 로우볼주, 가치주 등의 비중을 높여서 대응했고 비교적 좋은 결과를 산출했다.

④ 침체기의 포트폴리오

침체기 대응은 사실 소위 '선수'들의 영역이다. 주식에 있어 "사는 것은 기술이고 파는 것은 예술이다."라는 말이 있듯이 매수보다는 매도가 더 잦은 침체기 대응은 그만큼 난이도가 더 높다. 침체기는 쉽게 말해 '잘 팔아야 하는 시점'이라고 생각하면 된다.

2020년 코로나19 사태로 미국뿐만 아니라 전 세계 경제가 침체기를 피할 수 없었다. 집단 면역이 되더라도 '일상 복귀'라는 단어를 의심 없이 꺼내기 위해서는 생각보다 많은 시간이 필요할 것 같았다. 이렇게 큰 충격이 나타나면 연준과 정부가 강력한 정책을 내놓고, 경제 회복의 진전을 확인해도 물리적인 시간이 필요하다. 그리고 급히 내놓은 정책은 모든 면에서 완벽할 수 없기 때문에 이내 또 다른 침체를 야기하게 된다. 2008년 글로벌 금융위기 이후 미국의 신용등급이 강등된 2011년의 '미니 침체기'를 상기하면 이해가 쉬울 것이다. 유동성이 만든 주가가 2011년까지 시장을 끌어올렸지만 면면을 자세히 뜯어보면 침체기였음을 부인할 수 없을 것이다.

▶ 침체기의 포트폴리오 비중 및 스타일 전략

구분	MSCI ACWI 비중	적용 비중	비고	스타일 전략
미국	57%	57%	벤치마크 -3%(캐나다 포함)	· 로우볼주, 가치주에 투자해 변동성을 완화한다. · 침체기 직전까지 주도주에 대한 투자를 지속한다. · 이머징 시장의 비중을 축소한다.
캐나다	2.7%	0%	미국으로 포함	
유로존	14%	15%	벤치마크 -3%(영국 포함)	
영국	3.8%	0%	유로존으로 포함	
일본	7.5%	6%	벤치마크 -1.5%	
이머징 시장	14.5%	10%	벤치마크 -4.5%	
현금	0%	10% ~12%	-	금으로 대체 가능

시장 추종자의 입장에서 이렇게 침체기를 겪는다면, 멀리 갈 필요도 없이 코로나19처럼 시장에 '흑마술'이 드리운 상황에서는 어떤 방식으로 포트폴리오를 구성해야 할까? 아마 시장 추종자의 길을 선택한 투자자들은 이번 코로나19 사태를 지켜보면서 많은 후회를 했을지도 모른다. 하지만 앞일은 아무도 모른다. 스스로 장기투자를 하기로 결심했고, 경제가 걸어온 과거의 흔적을 이해하고 있다면 믿음을 잃어선 안 된다.

앞서 침체기에 유효한 전략으로 가치주와 로우볼주를 언급하기는 했으나 솔직히 '군이 택하자면'이라는 단서를 달고 싶다. 즉 침체기 초입과 침체기 끝에 유효할 뿐이지 침체기 한가운데에서는 어떤 스타일 전략도 통하지 않을 수 있다. 이때는 현금을 보유하는 게 가장 현명하다. 금과 같은 안전자산도 리스크가 있기 때문이다. 일각에서는 대체자산이라고 하는 상장 인프라, 리츠와 같은 주식이 효과적인 대응 자산이라고 주장하지만 필자는 개인적으로 침체기가 오면 다 비슷하다고 본다. 따라서 침체기에 제대로 대응하고자 한다면 금 또는 현금을 확보하는 것이 제일 중요하며, 현금 확보 후 하락할 때마다 자산을 더 매입하는 방법이 좋다.

하지만 포트폴리오에서 현금은 절대 일정 비중을 넘어가면 안된다. 정책에 따른 급반등 시 현금과 금의 비중이 너무 높으면 추격 매수가 불가능하기 때문이다. 따라서 일정 비중(10%) 수준으로만 현금과 금을 보유하되, 직전 후퇴기까지 주도주 역할을 했던 섹터를 꼭 편입하기 바란다. 침체기가 지나자마자 바로 값이 뛰어오르는 주식들이 이전까지의 주도주들이기 때문이다.

2019년은 미·중 무역분쟁으로 시장 변동성이 확대된 시기였다. 2019년 3분기에 이르러서는 보험적 금리 인상과 같은 충격요법 없이는 지표 상승을 꾀할 길이 없어 침체기로 볼 수밖에 없었다. 2019년 4분기 또는 2020년 1월부터는 미·중 무역분쟁이 1차 합의를 마치고, 글로벌 ISM 제조업·비제조업 구매관리자지수가 상승세를 보여 회복기 포트폴리오를 적용해야 한다는 시각도 있었다. 그러나 설사 그러한 판단을 내렸다고 해도 코로나19 사태로 여행이 금지되면서 2020년 2월부터는 다시 침체기 포트폴리오를 적용해야 했다. 실제로 필자도 2019년 4분기부터 회복기 포트폴리

▶ 시장 추종자의 침체기 ETF 포트폴리오

구분	ETF 종목	적용 비중	비고
미국	SPY Equity	13%	S&P500
	QQQ Equity	10%	나스닥
미국 스타일 전략	IVE Equity	7%	가치주
	SPLV Equity	7%	로우볼주
미국 (침체기 이전 주도 섹터)	VGT Equity	10%	미국 기술주 섹터
	SKYY Equity	5%	클라우드 컴퓨팅 섹터
	SRVR Equity	5%	데이터센터 섹터
유럽	HEDJ Equity	8%	유럽 대표주
유럽 스타일 전략	EWL Equity	7%	스위스
일본	EWJ Equity	6%	일본
이머징 시장	EEM Equity	7%	이머징 시장 전체
	AAXJ Equity	3%	일본 제외 아시아
현금	-	12%	금으로 대체 가능

오로 대응하다 2020년 3월부터 다시 침체기 포트폴리오를 적용한 바 있다.

침체기에 대응하는 포트폴리오를 고민해보자. 침체기 ETF 포트폴리오를 보면 현금 비중이 가장 먼저 눈에 띌 것이다. 시장 추종 전략은 사실 원칙적으로는 현금 보유를 지양한다. 시장은 장기적으로 상승할 것이라고 믿기 때문이다. 진정한 시장 추종자는 침체기가 오더라도 정부와 중앙은행 등을 믿고 어떻게 해서든 시장이 위기를 극복할 것이라고 생각해야 한다. 즉 장기적으로 우상향할 것이라는 믿음이 있어야 한다. 따라서 기준점은 지속적으로 상승할 것으로 예상되는 시장 대표 인덱스(MSCI ACWI)의 수익률이고, 그 수익률을 어떻게 추종해야 하는지, 더 나아가 어떻게 합리적으로 초과수익을 만들어야 하는지 고민해야 한다.

만약 시장 추종자임에도 불구하고 운 좋게 현금을 보유해서 시장 대비 초과수익을 얻었다면, 이는 반대로 추후 다가올 또 다른 위기에서 거꾸로 베팅했다가 번 돈을 다 잃을 수도 있는 리스크를 내재한 것이다. 자라 보고 놀란 가슴 솥뚜껑 보고 놀란다고, 이후 혹시 모를 더블딥(double dip)을 염두에 두고 현금을 늘리다가 시장이 급반등하면 속수무책으로 당할 수도 있다.* 실제로 반등 전에 팔아놓고 "어라, 어?" 하다가 놓치는 경우도 다반사다. 따라서 시장 추종자의 길을 걷기로 마음먹었다면 과도한 현금 보유를 '전략'으로 생각하는 일은 지양해야 한다. 다만 불안감을 이겨내기 위해 일부 현금을 가져가야 한다면 10% 내외에서 하고, 되도록 현금보다는 단기채권이나 금이 낫다.

다음으로 하락장에도 불구하고 기술주 섹터에 투자한 점을 눈여겨봐야 한다. 이는 과거 중후장대 산업과는 달리 현재 산업의 중심에 '기술주'가 있다는 점을 반영한 것이다. 이 밖에 데이터센터,

---

• 더블딥은 경기 침체 후 잠시 회복하다 다시 침체에 빠지는 이중 침체 현상을 뜻한다.

클라우드 컴퓨팅에 대한 투자는 2019년 상반기까지 해당 섹터로 자금이 몰렸기 때문이다. 추후 시장이 반등될 때 가장 유망한 섹터에 자금이 몰릴 상황에 대비한 것이다.

이전 포트폴리오와 다른 점은 침체기에는 섹터 베팅을 피할 수 없다는 것이다. 물론 분산투자 차원에서도 필요한 일이지만, 사실 해당 포트폴리오는 침체기를 벗어난 이후 시장이 반등할 때 세밀한 운용이 필요한 포트폴리오다. 세밀하게 운용하고 관리해야 침체기에 효율적으로 대응할 수 있다는 철학을 반영했다. 미래 산업을 찾기 어려운 전통산업으로 구성된 다우존스의 비중은 확실히 축소를 넘어 편출할 필요가 있고, 유럽도 소폭 축소해야 한다. 이머징 시장도 대폭 축소하되 그나마(?) 안전한 아시아 중심으로 구성하는 것이 합리적이라고 본다.

마지막으로 유럽에서 스위스 인덱스의 비중을 확대한 이유는 스위스 인덱스의 특징 때문이다. 스위스 인덱스는 글로벌 기업 네슬레와 로슈가 많은 비중을 차지하고 있다. 소비재와 제약, 보험주가 인덱스의 절반 수준이기 때문에 매우 안정적이며, 다른 국가의 인덱스와 비교하면 상대적으로 안전자산에 속한다. 유럽 전체와 장기 수익률을 비교해봐도 스위스 인덱스는 극도의 성장기를 제외하고는 초과수익을 낼 수 있는 가능성을 보였다.

2019년 3분기부터 2020년 2분기 말까지 투자한다고 가정해보자. 코로나19 사태에 따른 증시 급락으로 2019년 7월 대비

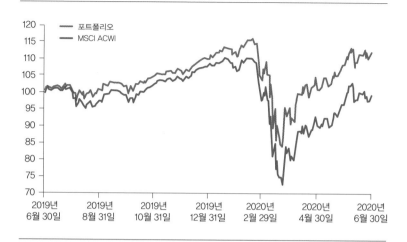

▶ 침체기 ETF 포트폴리오 성과 시뮬레이션

-15% 이상 손실을 본 구간도 있지만, 최종적으로는 해당 기간 12.16%의 수익률을 나타냈다. 시장의 성과(-0.65%)가 보합 수준이 었음을 감안하면 약 13%의 우수한 초과 성과를 보여주었다.

침체기에서 가장 중요한 것은 시장에 대한 믿음을 잃지 않는 것이다. 그리고 10%의 현금을 꾸준히 좋은 자산, 그리고 싼 자산을 찾아 투자하는 것이다. 한 번에 현금 10%를 모두 리밸런싱 해서는 안 된다. 침체기 때 자산을 매입할 때는 매우 치밀하게, 꾸준하게 접근해야 한다. 짧게는 1~2개월, 길게는 5~6개월에 걸쳐 비중을 늘리는 끈기가 필요하다. 물론 그 기간을 버티게 해줄 확신을 키우려면 스스로 열심히 연구하고 공부해야 한다.

일부 어려운 가정을 바탕으로 시장 대응을 위한 예시 포트폴리오를 제시해보았다. 절대적 해답이 될 수는 없지만 연습 문제의 해답을 보는 느낌으로 반복해서 숙달하기 바란다. 여러 번 반복해서 공부하면 실제 포트폴리오를 짤 때 큰 도움이 될 것이다. 기간과 포트폴리오 자산이 100% 정확히 대응하지는 않지만 필자가 실제 활용한 방식이니 활용할 여지가 있을 것이다.

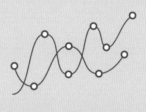

2장

절대수익
추종자의 길

시장을 이기는
해외주식 투자자

코로나19 사태로 시장이 망가진 2020년 3월, S&P500의 공포지수(VIX지수)는 50을 훌쩍 넘어 80까지 상승했다. 그 누구도 상상하지 못한 엄청난 변동성을 겪은 투자자들은 시장에 대한 믿음이 흔들리기 시작했다. 반토막 난 계좌를 보며 태연할 수 있는 사람은 없을 테니 어쩌면 당연한 반응이다. 힘든 시기를 보내면서 시장을 떠나는 사람도 있었고, 다시 은행으로 돌아가 예금을 찾는 사람도 있었다. 물론 시장을 이길 수 있는 상품을 찾기 위해 고군분투하는 용감한 사람도 있었다. 정확히는 시장을 이긴다는 표현보다 시장에 '덜 맞설 수 있는 방법'을 찾았다고 해야 옳을 것이다.

시장을 이기든, 시장에 덜 맞서든 취지는 시장이 흔들릴 때 덜 흔들릴 수 있는 방법을 찾는 것이다. 즉 목표는 '하이 리스크 하이 리턴'이 아니라 리스크를 줄이고 '적정한 수익(reasonable return)'을 추구할 수 있는 방법을 찾는 데 있다. 이처럼 절대수익 추종자는 시장이 어떻게 되든 이자처럼 일정한 수익을 쫓아 적극적으로 대응한다.

절대수익 추종자의 네 가지 투자방법

절대수익 추종자에게 권할 수 있는 투자방법은 네 가지다.

1. 인컴 전략

가장 널리 알려진 전략으로 인컴자산에 투자해 따박따박 고정된 수입을 확보하는 것이다. 세부적으로는 인컴형 펀드에 투자하는 방법과 ETF로 고배당주에 투자하는 방법이 있다.

2. 앱솔루트 리턴 전략

자산배분 투자와는 사뭇 다른 전략으로, 상호 간 상관관계가 낮은 자산을 모아 투자하는 전략이다. 상관관계가 낮은 자산, 즉 가격이 반대로 움직이는 자산에 투자하면 위험자산이 급락하거나 급격히 흔들릴 때 포트폴리오의 리스크를 완화할 수 있다. 시장 리스크 자체를 없애는 방법이 대표적이다.

3. 자산배분 투자

일반적으로 자산배분 투자는 기대수익률이 높은 주식 또는 주식형 펀드만 투자하는 것이 아니라, 위험자산과 상관관계가 적은 자산을 동시에 투자하는 분산투자를 의미한다. 즉 하나의 자산이 한쪽으로 급격하게 움직이는 것을 상쇄시켜주는 효과를 기대하고 포트폴리오의 변동성을 낮춰 장기투자하는 전략이다. 보통 주식과 채권을 일정 비율로 동시에 투자한다.

4. 헤지펀드 투자

마지막으로는 글로벌 헤지펀드에 투자하는 방법이 있다. 국내에 많지는 않지만 헤지펀드 전략을 추종하는 ETF도 있어 이를 바탕으로 고민하면 방법을 찾을 수 있다.

앞서가는 서학개미를 위한 해외주식 투자지도

인컴 전략 ①
배당주의 변화

해외주식 투자자들은 '인컴 전략'이라고 하면 보통 고배당주 투자를 떠올린다. 우리나라와 달리 미국과 유럽에는 높은 배당을 꾸준히 주는 기업이 많기 때문이다. 선진국의 고배당 기업은 상당히 우량해서 장기적으로는 시세차익도 기대해볼 수 있다. 네슬레, 엑슨모빌, 다논, 블랙록 등의 기업들은 아주 오랫동안 우리나라 기업들보다 2~3배가량 높은 배당을 해왔다. 우리가 어릴 적부터 그래왔고, 미래에 우리 자녀가 우리의 나이가 되어도 튼튼한 현금흐름을 바탕으로 꾸준히 높은 배당률을 유지할 가능성이 크다. 하지만 최근 이러한 기업들에 대한 투자자들의 관점에 작은 변화가 일어나고 있다.

📈
배당주에 대한
인식이 바뀌다

2018년 1월 말 CNBC 보도에 따르면 트럼프 전 대통령의 법인세 감세 정책으로 야기된 유동성은 거의 대부분 '자사주 매입'에 쓰였다고 한다. 절세로 발생된 유동성은 기업 내 급한 불을 끄거나, 미래를 위한 재투자로 사용되지 않았다. 사실 영리를 목표로 하는 기업이 이기적(?)으로 유동성을 활용하는 것은 당연한 일이다. 그러나 대승적 차원에서 생각하는 정치인이나, 사회 전반을 고려하는 일반인의 입장에서는 다소 이해가 어려운 현상이다.

투자자들은 이러한 현상을 두고 다른 생각을 갖게 된다. 주식 투자자는 기본적으로 기업으로부터 두 가지 보상을 기대한다. 하나는 기업의 미래가치가 상승해 '자본 이익'을 얻는 것이고, 다른 하나는 기업이 실제 번 돈(매출-비용)이 상승해 순이익이 늘어남으로써 '배당 이익'을 얻는 것이다. 두 가지 모두를 염두에 두고 투자할 수도 있지만 배당 이익과 자본 이익을 구분해 다른 목적으로 접근할 수도 있다. 즉 과거에는 자본 이익을 목표로 한 투자와 배당 이익을 기대하는 투자가 비교적 뚜렷이 구분되는 양상을 보였다.

문제는 그동안 높은 배당 이익이 장점이었던 주식들까지도 자사주 매입 증대로 주가가 기대 이상으로 상승했다는 데 있다. 즉

앞서가는 서학개미를 위한 해외주식 투자지도

자본 차익을 염두에 둔 매매가 늘어난 것이다. 가령 배당률이 평균 S&P500의 배당률보다 높은 뱅크오브아메리카의 경우 과거에는 배당 관련 펀드 및 배당 이익을 추구하는 투자자들의 단골 메뉴였다. 하지만 현재는 유형 면에서 뱅크오브아메리카를 '배당주'로 콕 짚어 분류하기란 어렵다. 법인세 감세 정책의 영향으로 투자자들에게 자본 차익을 안겨주었기 때문이다.

2017년 이후 3년간 S&P500 내 금융주 인덱스는 S&P500 대비 제대로 된 누적 초과수익을 만들어내지 못했다. 그러나 케이프투자증권에 따르면 2019년 2분기 말 기준으로 자사주 매입금액이 높았던 J.P.모건체이스앤드컴퍼니(1년간 약 206억 달러), 뱅크오브아메리카(1년간 약 230억 달러), 시티그룹(1년간 약 130억 달러) 등 주요 금융주는 해당 섹터와 S&P500 대비 높은 초과 성과를 보여주었다. 결국 해당 기업들이 전통 배당주로서의 '명예'보다는 자사주 매입 트렌드에 편승하는 쪽을 선택한 것이다.

금융주뿐만이 아니다. 자사주 매입이 많았던 기업들은 당연히 (?) 지수 대비 매우 탁월한 성과를 보였다. 자사주 매입은 기업 스스로가 자신들의 비즈니스와 성장성에 확신이 있다는 것으로 해석될 수 있기 때문에 주가 상승의 동력을 제공하는 역할을 한다. 세밀한 분석을 통해 해당 기업의 면면을 파악했거나 예전부터 잘 알고 있던 투자자라면 배당만을 목적으로 투자할 수도 있겠지만, 이제는 솔직히 대부분 배당률보다는 주가가 오르길 기대한다. 주가가 오르면 가장 좋고, 배당까지 주면 '금상첨화'인 것이 현실이다. 결국 자사주 매입이 '순수 배당주'에 대한 투자자들의 니즈를 약화시키는 결과를 초래했다고 생각한다.

유동성이 많은 현재 시장의 특성상 특정 자산에 투자자들의 손길이 집중적으로 닿기 시작하면 자금 공급이 쉽게 멈추지 않는다. 실제로 2019년 자사주 매입이 많았던 대표적인 기업들을 보면 S&P500의 상승률(약 30%)은 우습게 따돌리고 초과 성과를 달성했다. 기업 경영진들이 전통적인 방식(배당)보다는 자사주 매입을 통한 '화끈한' 주가 상승으로 주주들의 이익을 도모한 것이다. 즉 기업은 법인세 절감을 통해 얻은 실탄을 '배당'이 아닌 '주가 상승'으로 치환했다.

반면 트럼프 행정부가 들어선 이후 배당만을 목표로 투자 대상이 된 기업들의 주가는 S&P500 대비 매우 부진한 양상을 보였다. 그렇다면 전통 배당주, 순수 배당주에 대한 수요는 어디로 갔을까? 그동안 2~3%의 배당률에 만족할 수 있었던 이유는 배당주의 주가가 안정적으로 상승하는 모습이 연출되었기 때문이다. 변동성 낮은 배당주 투자로 꾸준히 고정 소득을 얻고자 했던 기존의 배당 추종자들은 이제 어지간한 배당률로는 허탈함을 달랠 수 없게 되었다. 배당주의 주가가 실제 기업의 성과보다 많이 좋지 않거나, 기업이 유동자금을 배당에 쓰지 않는 모습을 보이면 해당 종목에 투자를 지속할 이유가 없다. 하지만 배당 투자에 대한 니즈가

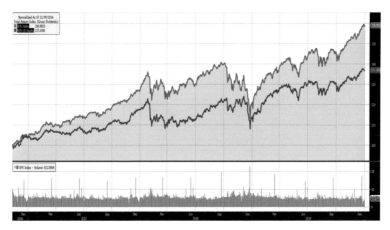

▶ 트럼프 행정부가 들어선 이후 S&P500(회색)과 배당주 ETF(빨간색)의 성과 비교

소멸되었다기보다는 오히려 배당이 높은 다른 섹터, 특히 리츠와 상장 인프라로 옮겨졌다고 보는 것이 맞다.

📈 배당 수요를 흡수한 인프라와 리츠 섹터

2018년 말, 경기 침체에 대한 우려가 나타나고 보험성 금리 인하 정책이 언급되면서 실제로 배당 투자에 대한 니즈는 리츠와 상장 인프라로 옮겨갔다. 연준이 2019년 3분기 RP 시장에 개입하기 전까지 S&P500의 총수익지수는 20.5% 상승한 반면, 방어주 성격의 리츠와 인프라 섹터의 주가는 각각 26.9%, 24% 상승했다(2019년 9월 말 기준). 2019년과 같은 강세장에서 인덱스 대비 초과수익을 낸 것이다.

리츠와 인프라 섹터의 배당 수익률은 연간 4~6%이기 때문에 '배당주의 밭'이라고도 일컬어진다. 사실 인프라 섹터의 경우 유가와 상관관계가 높아 투자를 주저한 투자자가 많았는데, 배당 성향 자체는 70% 수준으로 매우 높은 편이었다. 하지만 인프라 섹터도 배당에 한해서는 리츠 섹터 앞에서 꼬리를 내린다. 리츠 섹터는 배당 성향이 100%가 넘기 때문이다. 법적 수익의 90%를 배당금으로 지급해야 하는 리츠의 특성에도 불구하고 100%가 넘는다는 것은 번 돈보다 더 준다는 의미다. 물론 자세히 뜯어보면 리츠의 배당은 현금흐름 계산을 위해 조정운영자금(AFFO; Adjusted Funds From Operation)을 고려해야 한다. 즉 순익에 감가상각비 등을 달리 반영해야 하기 때문에 다른 섹터와 계산법이 조금 다르다. 하지만 어찌되었든 리츠 섹터는 배당금 주머니가 훨씬 크기 때문에 배당 추종자들의 사랑을 독차지할 수밖에 없다. 더구나 최근 리츠 섹

- RP란 발행자가 일정 기간 후에 금리를 더해 다시 사는 것을 조건으로 파는 채권이다. '환매조건부 채권' '환매채'라고도 한다.
- 참고로 배당 성향을 계산하는 공식은 '배당금/순이익×100'이다.
- 리츠의 수익지표인 FFO는 '순이익+할부 상환액+감가상각−부동산 판매 이득'으로 구한다. AFFO는 'FFO+(순임대료−자본 지출−유지·보수 비용)'으로 계산한다.

앞서가는 서학개미를 위한 해외주식 투자지도

터의 일부 종목은 성장성도 높아져 배당주 추종자들의 관심을 한몸에 받고 있다. 예를 들어 특수 리츠 산업군에 포함되는 아메리칸 타워의 경우 송신탑 임대가 활발해지면서 수익이 상승해 투자자들의 관심이 쏠렸다. 놀랍게도 이 회사의 배당률은 연간 5~6%를 상회했고, 더불어 5G의 상용화로 주가도 함께 상승하는 모습을 보였다.

경제사이클상 침체기의 위험이 도래해도 연준이 자금을 투입해 위기를 극복하는 사례가 여러 차례 반복되다 보니, 마켓사이클상 하락기에 접어들어도 배당주에 대한 니즈가 커질 수 없다는 의견도 있다(실제로 우리는 연준의 유동성 공급을 2020년에 다시 한번 목도했다). 하지만 그보다는 배당만을 추종한 순수 배당 추종자들이 사라졌다고 보는 것이 더 설득력 있어 보인다. 배당 추종자들은 배당주만을 노리지 않고 포트폴리오에 보다 다양한 자산을 추가하기 시작했다. 이제 배당률이 어지간히 높지 않고서는 배당만으로 투자자를 유인하기 어렵게 되었다. 즉 고배당주에 대한 매력이 줄어든 상황에서 인컴 투자를 하기 위해서는 자산군을 재분류하고, 더 매력적인 자산을 고민해볼 필요가 있다.

인컴 전략 ②
포트폴리오

인컴자산은 주식에서는 크게 고배당주, 우선주로 나뉜다. 채권에서는 미국 하이일드 채권, 투자등급 회사채 및 초장기채, 글로벌 하이일드 채권 및 투자등급 회사채, 신흥국 국채가 있다. 마지막으로 대체자산으로는 커버드콜(covered call), 상장 인프라 및 리츠가 있다. 인컴 전략 포트폴리오를 구성하기에 앞서 인컴 전략에 활용될 관련 ETF부터 살펴보자. 주식, 채권, 대체자산 순으로 나열했으며 연배당률도 함께 정리했다.

• 커버드콜이란 콜옵션을 매도하면서 동시에 기초자산을 매입하는 전략을 의미한다. 변동성이 큰 시장에서 유리하다.

▶ 인컴 전략 대표 ETF(2020년 말 기준)

구분	전략	티커	ETF 이름	규모 (백만 달러)	연배당률 (%)
주식	미국 고배당주	VIG US equity	Vanguard Dividend Appreciation ETF	53,433.80	1.63
		VYM US equity	Vanguard High Dividend Yield ETF	31,322.70	3.18
		SDY US equity	SPDR S&P Dividend ETF	17,124.00	2.85
		DVY US equity	iShares Select Dividend ETF	14,633.80	3.66
	글로벌 고배당주	SDIV US equity	Global X SuperDividend ETF	763.34	7.96
		IQDF US equity	FlexShares International Quality Dividend Index Fund	531.52	3.16
		WDIV US equity	SPDR S&P Global Dividend ETF	194.60	5.55
	미국 우선주	PFF US equity	iShares Preferred and Income Securities ETF	19,532.30	4.79
		PGX US equity	Invesco Preferred ETF	7,083.69	4.89
채권	미국 하이일드 채권	HYG US equity	iShares iBoxx $ High Yield Corporate Bond ETF	25,840.80	4.88
		JNK US equity	SPDR Bloomberg Barclays High Yield Bond ETF	12,558.00	5.11
		USHY US equity	iShares Broad USD High Yield Corporate Bond ETF	7,466.00	5.30
		HYLB US equity	Xtrackers USD High Yield Corporate Bond ETF	7,483.45	5.22

구분	전략	티커	ETF 이름	규모 (백만 달러)	연배당률 (%)
채권	미국 회사채	LQD US equity	iShares iBoxx $ Investment Grade Corporate Bond ETF	55,238.20	2.66
		VCIT US equity	Vanguard Intermediate- Term Corporate Bond ETF	42,632.90	2.78
	미국 초장기채	TLT US equity	iShares 20+ Year Treasury Bond ETF	19,053.80	1.50
		SPTL US equity	SPDR Portfolio Long Term Treasury ETF	2,856.73	1.71
		VGLT US equity	Vanguard Long-Term Treasury ETF	2,405.47	2.15
	글로벌 하이일드 채권	PGHY US equity	Invesco Global Short Term High Yield Bond ETF	207.61	5.45
		GHYG US equity	iShares US & Intl High Yield Corp Bond ETF	187.72	4.36
		JPHY US equity	JPMorgan High Yield Research Enhanced ETF	493.05	4.73
		HYEM US equity	VanEck Vectors Emerging Markets High Yield Bond ETF	446.93	5.56
		EMHY US equity	iShares J.P. Morgan EM High Yield Bond ETF	326.77	5.44
	글로벌 투자등급 채권	CORP LN equity	iShares Global Corp Bond UCITS ETF	1,364.72	2.28
	신흥국 국채	EMB US equity	iShares J.P. Morgan USD Emerging Markets Bond ETF	19,345.40	3.88
		PCY US equity	Invesco Emerging Markets Sovereign Debt ETF	2,875.35	4.45

앞서가는 서학개미를 위한 해외주식 투자지도

구분	전략	티커	ETF 이름	규모 (백만 달러)	연배당률 (%)
채권	신흥국 국채	VWOB US equity	Vanguard Emerging Markets Government Bond ETF	2,662.96	4.18
		EBND US equity	SPDR Bloomberg Barclays Emerging Markets Local Bond ETF	1,015.41	3.67
		LEMB US equity	iShares JP Morgan EM Local Currency Bond ETF	533.95	4.29
대체 자산	나스닥 커버드콜	QYLD US equity	Global X Nasdaq 100 Covered Call ETF	1,634.76	11.16
	S&P500 커버드콜	XYLD US equity	Global X S&P 500 Covered Call ETF	127.60	7.93
	글로벌 상장 인프라	IGF US equity	iShares Global Infrastructure ETF	3,134.01	2.33
		NFRA US equity	FlexShares STOXX Global Broad Infrastructure Index Fund ETF	2,126.21	2.22
		TOLZ US equity	ProShares DJ Brookfield Global Infrastructure ETF	142.92	3.16
	글로벌 리츠	RWX US equity	SPDR Dow Jones International Real Estate ETF	921.64	2.92
		REET US equity	iShares Global REIT ETF	2,455.22	2.65
		RWO US equity	SPDR Dow Jones Global Real Estate ETF	1,576.11	3.25
	미국 리츠	VNQ US equity	Vanguard Real Estate ETF	30,996.70	3.93
		SCHH US equity	Schwab U.S. REIT ETF	4,639.93	2.55
		IYR US equity	iShares U.S. Real Estate ETF	5,430.21	2.58

좋은 고배당주를 직접 찾아낼 수 있을 만큼 부지런하다면 고배당주를 직접 선별해 투자하는 편이 좋지만, 기업을 하나하나 뜯어가며 리서치를 하는 방식의 투자는 펀드매니저에게도 어려운 일이다. 채권도 마찬가지다. 증권사를 통해 채권을 직접 매입하는 방법도 있지만 일반인에게는 쉽지 않다. 특히 회사채는 분석보고서를 읽어가며 판단해야 하는데 만만한 일이 아니다. 그래서 이러한 수고를 대신할 수 있는 방법, 즉 ETF를 활용해 포트폴리오를 구축할 수 있는 방법에 대해 알아보겠다. 물론 포트폴리오 구축은 펀드로도 가능하다. 은퇴 후 목표 수익을 정해놓고 투자하는 타깃인컴펀드(TIF; Target Income Fund) 등과 같은 상품도 연금 운용에 활용할 수 있다.

인컴 전략 포트폴리오를 구성하기 위해서는 몇 가지 단계를 거쳐야 한다. 우선 목표 인컴과 허용 가능한 변동성의 수준을 정해야 한다. 목표 인컴이란 편입자산에서 '배당'의 방법으로 별도 유입되는 현금흐름을 뜻하며, 허용 가능한 변동성은 각 자산들을 조합했을 때 1년간 예상되는 수익률의 표준편차를 의미한다. 과거가 미래를 보장하는 것은 아니지만 보통 인컴과 변동성은 모두 과거의 자료를 바탕으로 가늠한다. 대개 '3년간 또는 5년간 이정도 인컴과 변동성을 보여왔으니 앞으로도 별일 없으면 그럴 것이다.'라는 전제가 깔린다.

인컴의 목표 수준을 정할 때는 3~5%라고 임의의 숫자를 생각해도 되고, '은행 정기예금 이자의 3배'라는 상대적 개념을 적용해도 된다. 목표 변동성은 코로나19 사태 이전의 미국주식을 기준으로 삼는다. 대략 15%(1년 기준) 수준이었으니 이 변동성의 절반 또는 1/3 수준으로 정하면 어느 정도 움직이는지 알 수 있을 것이다. 참고로 코스피의 변동성은 22~23% 수준으로 미국주식의 1.5배에 달한다. 중요한 것은 투자자 스스로가 자신의 목표를 분명히 해야 한다는 뜻이다.

다음으로 투자자산을 구체적으로 선별해야 한다. 일일이 여러 자산에 투자하는 것보다는 이미 분산투자되어 있는 ETF를 활용하는 편이 낫다. 목적에 맞게 5~7개 ETF를 골라 포트폴리오를 구성해도 크게 무리는 없을 것이다.

📊
인컴 전략
포트폴리오의 실제

이제 포트폴리오를 구축하기만 하면 된다. 원활하게 포트폴리오를 구축하기 위해서는 최적화 작업을 위한 도구가 필요하다. 전문가들이 사용하는 펙트셋(factset)이나 모닝스타 다이렉트(morningstar direct)를 활용해 블랙-리터만 모형을 활용해도 좋고, 솜씨가 좋다면 직접 엑셀로 구현하는 방법도 있다. 일반 투자자이거나 모형 활용이 낯설다면 필자가 제시하는 몇 가지 포트폴리오를 기초로 응용하길 바란다. 기관 자금처럼 정확한 기대수익률과 변동성을 지켜야 하는 '룰'이 없으므로, 일정 수준의 목표를 세워 유연하게 소액으로 시험적 투자를 진행해보면 좋을 것이다.

1. 인컴은 정기예금의 3배, 변동성은 한국주식 시장의 1/3

구체적인 포트폴리오 구축을 위해 목표를 세분화하겠다. 정기예금의 3배 수준인 5% 이상의 인컴을 추구하고, 변동성의 경우 코스피의 1/3 수준인 8% 내외를 추구한다고 가정해보자. 이 정도 변동성이면 최대 낙폭(MDD; Maximum Draw Down) 또한 한 자릿수 또는 두 자릿수를 살짝 넘는 수준이 나올 것이다.* 배당주를 선호하는 투자자가 좋아할 만한 안정적인 주식 투자 모델에 해당한다.

비중을 살펴보면 커버드콜 전략 40%, 나스닥100 7%, 글로벌 리츠 13%, 미국 우선주 15%, 미국 초장기채 23%다. 연간 10% 수준의 배당이 월별로 지급되는 나스닥 커버드콜 전략을 핵심자산으로 삼고, 일부 자본 차익을 위해 나스닥100에 투자한다. 추가로 배당을 보완하기 위해 글로벌 리츠와 미국 우선주를 더하는 전략이다. 커버드콜 전략의 단점인 하방 위험을 완화하기 위해 장기채까

---

* 최대 낙폭이란 특정 기간 중 고점에서 저점까지의 낙폭이 가장 큰 구간의 값을 뜻한다. '(고점-저점/고점)×100'의 공식으로 구한다.

▶ 첫 번째 시나리오의 포트폴리오(2020년 상반기 기준)

번호	ETF 종목	설명	적용 비중(%)	배당률(%)
①	QYLD ETF	나스닥 커버드콜 전략	40	11.35
②	TLT ETF	미국 20년 이상 초장기채 투자	23	1.8
③	PFF ETF	미국 우선주 투자	15	5.61
④	REET ETF	글로벌 리츠 투자	13	7.06
⑤	QQQ ETF	나스닥100 인덱스 추종 주식 ETF	7	0.69

▶ 시나리오 1 포트폴리오 시뮬레이션

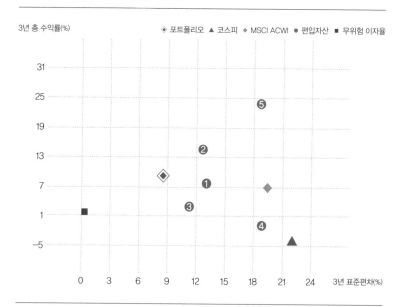

지 1/4 수준으로 포함한다.

결론적으로 코로나19 사태를 고려하더라도 시가배당률은 높은 편이며, 그에 따라 포트폴리오의 배당 수준은 6.76%에 달한다. 다만 이는 장기적인 관점에서 일시적으로 가격 하락이 있었다는 점을 미루어볼 때 다소 과장된 수준이므로, 실제로는 5~6% 수준으로 보는 것이 합리적이다. 포트폴리오 성과를 보면 2020년 7월 말 기준으로 3년 변동성 및 연평균 성과가 8% 수준으로 도출되었다. 참고로 MSCI ACWI 기준으로 20% 수준의 역사적인 급등세를 보인 2020년 하반기는 시뮬레이션 결과가 왜곡될 가능성이 있어 배제했다.

포트폴리오의 특징은 '낮은 변동성' '높은 수익률'이다. 특히 중위험 중수익 포트폴리오를 추구하는 투자자들에게 유용한 시나리오다. 실제로 필자 역시 유사한 전략을 운용에 적용한 경험이 있는데, 코로나19 사태 및 이후 시장 변동성에서도 매우 놀라운 방어력을 보였다. 포트폴리오 기준 5% 이상의 높은 배당은 투자자로 하여금 포트폴리오를 장기간 유지할 수 있는 동기를 제공하며, 초장기채는 시장 하락 시 하방 지지에 큰 역할을 했다. 실제로 이 포트폴리오의 매력은 초장기채에 있는데, 초장기채는 2020년 3월 폭락장에서 4.6%의 상승력을 보였다. 배당도 1% 후반 수준이니 충분히 매력적인 자산으로 보인다.

초장기채는 커버드콜 전략의 약점을 보강하는 데 큰 역할을

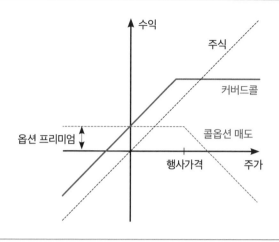

한다. 커버드콜은 풋옵션의 매도 포지션과 유사하기 때문에 평소에는 높은 프리미엄을 받을 수 있는 반면, 지수가 상승해도 그 상승한 만큼의 이익은 받지 못한다.* 하락 시에는 시장의 하락과 유사한 자산의 하락을 경험한다. 따라서 커버드콜 전략에만 투자를 한다는 것은 시장이 박스권에서 움직인다는 전제 또는 시장이 움직이지 않을 것이라는 확신이 있어야 가능하다. 결국 커버드콜 전략에만 투자하는 것은 비상식적인 일이다. 이를 보완하기 위해서는, 즉 하방 리스크를 헤지할 수 있도록 여러 자산을 조합해야 한다.

---

* 보통 투자자는 이 프리미엄을 이자, 배당 등으로 착각하기도 한다.

필자의 포트폴리오는 이러한 헤지 수단으로 초장기채를 선택한 것이다.

또한 100% 헤지가 된다는 보장을 할 수 없기 때문에 고배당의 우선주와 리츠로 안전마진을 높여 헤지 효과를 높이고자 했다. 이뿐만 아니라 우선주와 리츠는 시장을 반영하는 자산이기 때문에 기대수익률을 높여주는 역할을 할 수 있다. 경기 회복에 확신이 있거나 경기 상승 기조가 뚜렷하고 약간의 변동성을 더 감수할 수 있으면, 리츠 비중에 다른 일반 주식(SPY ETF, VOO ETF, QQQ ETF, IWM ETF) 등을 활용해도 된다. 물론 장기 테마인 5G 및 관련 리츠(SKYY ETF, SRVR ETF), 코로나19 이후 테마가 되어버린 혁신기업(ARKK ETF), 반도체(SMH ETF), 전기차 및 자율주행(LIT ETF, DRIV ETF) 등도 리츠 대신 고려할 만하다.

2. 코스피 변동성 절반으로 인컴 정기예금 2배 및 시장 수익 추구

두 번째 시나리오는 정기예금의 2배 수준인 3~4% 수준의 인컴을 추구하고, 변동성의 경우 코스피의 1/2인 10~11% 내외를 추구하는 경우다. 또한 시장이 상승할 경우 자본 차익을 얻을 수 있다. 즉 첫 번째 시나리오보다 시장 추종자의 포트폴리오에 가깝다고 보면 된다. 따라서 첫 번째 시나리오 포트폴리오보다 변동성이 더 허용되기 때문에 장기 테마에 투자할 수 있는 특수 리츠를 예로 추가했다. 앞서 언급한 대로 특수 리츠 대신 장기 테마인 혁

▶ 두 번째 시나리오의 포트폴리오(2020년 상반기 기준)

번호	ETF 종목	설명	적용 비중(%)	배당률(%)
①	HDV ETF	미국 고배당주 투자	35	3.93
②	TLT ETF	미국 20년 이상 초장기채 투자	25	1.8
③	HYG ETF	미국 하이일드 채권 투자	15	5.35
④	REET ETF	글로벌 리츠 투자	15	7.06
⑤	SRVR ETF	5G 테마 등 특수 리츠 투자	10	1.57

▶ 시나리오 2 포트폴리오 시뮬레이션

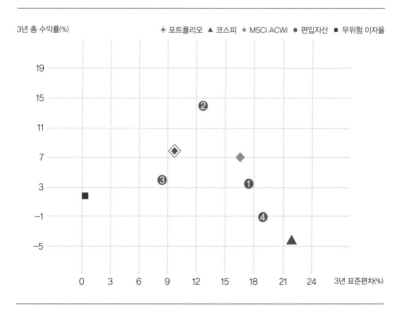

신기업, 반도체, 전기차 등의 테마 ETF도 활용 가능하다.

글로벌 고배당주, 리츠(특수 리츠 포함), 미국 하이일드 채권, 초장기채로 조합해 시장 상승 시 자본 차익도 꾸준히 추구할 수 있다. 배당률도 2020년 5월 말 기준으로 은행 정기예금의 2배가 넘는 3.8% 수준이어서 굉장히 매력적이다. 자산이 상승해 시가배당률이 줄어들어도 2배 수준은 유지할 수 있을 것이다.

앞선 시나리오와 동일한 이유로 2020년 하반기 시뮬레이션 결과는 배제했다. 2020년 7월 말을 기준으로 데이터를 산출했는데, 가장 돋보이는 부분은 우수한 변동성이다. 코스피의 변동성이 22% 수준임을 고려할 때 절반을 하회하고, MSCI ACWI와 비교해도 안정성 면에서 우위에 있다. 연평균 수익률은 6% 수준으로 MSCI ACWI 배당을 고려하더라도 글로벌 시장 대비 양호한 수준이다. 더불어 MSCI ACWI와의 상관계수(1년)는 0.5 수준이다. 즉 글로벌 주식 시장의 가격이 1% 움직였을 때 본 포트폴리오는 0.5% 움직이는 경향이 있도록 설계되었다는 뜻이다. 이는 글로벌 시장 움직임의 절반 정도만 허용한다는 뜻으로 시장과의 상관관계는 축소하고, 수익률은 중수익을 유지하는 전략이다.

물론 단점도 있다. 인컴 전략임에도 불구하고 시장 노출이 많은 자산으로 구성되어 있어 자본 손실을 볼 수 있다. 하지만 장기 침체 등의 이유로 편입자산의 펀더멘털 훼손이 심각하지 않다면, 장기투자 시 높은 인컴으로 손실을 커버할 수 있어 성공 확률도 상승한다. 특히 주식, 리츠, 하이일드 채권은 펀더멘털을 반영하는 자산이므로 경제사이클이 긴 만큼 장기적으로 접근해야 한다.

3. 주식은 싫지만 그래도 인컴은 정기예금의 2배 수준

기본적으로 주식은 변동성이 있기 때문에 변동성 자체에 대한 우려가 큰 투자자라면 다른 방법을 찾아야 한다. 해당 시나리오의 포트폴리오는 주식을 하지 않고도 수익을 얻을 수 있는 방법 중 하나다. 또한 시장에 대한 보수적인 의견이 지배적일 때는 공격적인 투자자도 잠시 회피할 곳을 찾기 마련이다. 안정적이면서도 3~4% 수준의 인컴이 보장되는 포트폴리오를 원한다면 참고하기 바란다.

신흥국 채권, 미국 하이일드 채권, 미국 회사채, 미국 초장기채를 동일비중으로 투자하는 방법이다. 하이일드 채권은 투기등급이지만 미국인 점을 고려하면 나름 장기투자 대상으로 분류할 수 있고, 미국 회사채는 투자등급 채권으로 구성되어 있어 안정적으로 운용이 가능하다. MSCI ACWI와 비교하면 변동성은 10% 중반 대비 절반 수준인 7% 미만으로 대폭 떨어지고, 연평균 수익률은 약 7%로 중수익 실현이 가능하다. 물론 인컴 또한 3%대 후반을 유지한다.

주식에 대한 노출도가 없음에도 불구하고 어느 정도 변동성이 있다는 점이 단점으로 꼽히는데, 이는 코로나19 사태로 인해 채권 자산 가격이 급락하면서 생긴 이벤트로 보인다. 2019년 말을 기준

▶ 세 번째 시나리오의 포트폴리오(2020년 상반기 기준)

번호	ETF 종목	설명	적용 비중(%)	배당률(%)
①	EMB ETF	이머징 달러표시 채권 투자	25	4.74
②	HYG ETF	미국 하이일드 채권 투자	25	5.35
③	LQD ETF	미국 투자등급 채권 투자	25	3.13
④	TLT ETF	미국 20년 이상 초장기채 투자	25	1.8

▶ 시나리오 3 포트폴리오 시뮬레이션

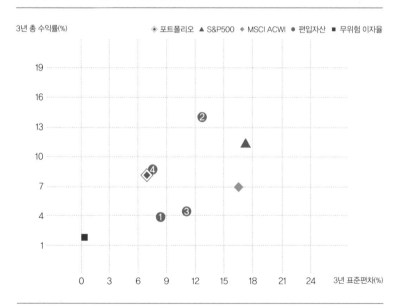

앞서가는 서학개미를 위한 해외주식 투자지도

으로 해당 포트폴리오를 시뮬레이션하면 당연히 주식 대비 낮은 변동성과 수익률을 산정할 수 있다. 다만 경기가 좋으면 하이일드 채권과 회사채의 수익률이 좋고, 거기에 달러가 약세 기조까지 보이면 신흥국 채권도 같이 떠오르기 때문에 경기와 무관한 절대수익 추종형은 아닐 것이다. 즉 경기와 무관하지는 않지만 위험자산의 느낌도 주식 대비 낮기 때문에 그나마 보수적인 투자자가 눈여겨볼 수 있는 포트폴리오다.

오랜 기간 은행과 자산운용사에서 운용을 담당하면서 고객들의 다양한 니즈를 접했던 소회를 말하자면, 고액 자산가일수록 부동산은 선호하되 주식은 그다지 좋아하지 않는 경우가 많았다. 아마도 상대적으로 짧은 호흡의 투자는 회피하려는 부자의 본능적인 감각이 작용하지 않았나 싶다. 시나리오 3 포트폴리오 시뮬레이션에서 보여준 바와 같이 글로벌 채권만으로 4% 수준의 인컴을 추구할 수 있다는 것은 자산가에게 굉장히 매력적인 선택지일 것이다. 요즘은 강남 부동산의 내부수익률(IRR: Internal Rate of Return)도 4%가 채 나오지 않는다고 하니, 가격 상승력과 안정성을 고려하면 글로벌 채권이 한국 부동산과 다를 게 없다는 생각도 조심스레 해본다.*

• 내부수익률이란 편익의 현재 가치와 비용의 현재 가치가 동일해지는 할인율을 뜻한다.

앱솔루트
리턴 전략

앱솔루트 리턴 전략은 간단히 말하면 상관관계가 -1에 준하는 자산들을 활용하는 방법이다. 즉 가격이 반대 방향으로 움직이는 자산을 포트폴리오에 섞는 방법으로, 잘 활용하면 분산투자 효과 이상을 기대할 수 있다. 수익을 확대하고 시장 리스크를 최소화하기 위해 어느 정도 직접투자를 하고, 숏 포지션도 고려하는 것이 본 전략의 특징이다.[*]

　지금까지 시장과 연동된 자산으로 포트폴리오를 구성함으

---

* 　숏 포지션이란 미래 기간에 특정 가격으로 상품을 팔기로 한 계약으로, 상품 가격이 하락해야 이익을 얻을 수 있다.

▶ 자산 간의 상관계수(2006년 1월 1일~2020년 12월 31일)

구분	NDUEAC	LEGATR	FNERTR	DJBGIT	BCOMTR	SPXT	LBUSTR
NDUEAC	1	0.18	0.724	0.891	0.561	0.949	-0.033
LEGATR	0.18	1	0.147	0.275	0.227	0.047	0.72
FNERTR	0.724	0.147	1	0.685	0.346	0.762	0.06
DJBGIT	0.891	0.275	0.685	1	0.525	0.831	0.117
BCOMTR	0.561	0.227	0.346	0.525	1	0.458	-0.054
SPXT	0.949	0.047	0.762	0.831	0.458	1	-0.094
LBUSTR	-0.033	0.72	0.06	0.117	-0.054	-0.094	1

* NDUEAC: MSCI All Country Index TR
  LEGATR: Bloomberg Barclays Global Aggregate Total Return Index Value Unhedged
  FNERTR: FTSE NAREIT All Equity REITS Total Return Index
  DJBGIT: Dow Jones Brookfield Global Infrastructure Total Return Index
  BCOMTR: Bloomberg Commodity Index Total Return
  SPXT: S&P500 Total Return Index
  LBUSTR: Bloomberg Barclays US Agg Total Return Value Unhedged

써 상관관계를 최소화시켜 인컴을 극대화하는 방법에 대해 알아보았다면, 이번에는 앱솔루트 리턴 전략을 통해 시장 리스크를 최소화하고 오로지 인컴만을 추구하는 전략을 알아보겠다.

우선 목표는 시장 변동성을 최대한 낮추고 정기예금의 2~3배 수준의 인컴을 확보하는 것이다. 목표를 세분화해 최대 낙폭을 3% 이하로 낮추고, MSCI ACWI 대비 1/3 수준으로 변동성을 낮추면 안전 지향적 투자자라고 할지라도 충분히 감내할 만한 방향일 것이다. 필요한 재료는 좋은 고배당주 10개, 나스닥 커버드콜 ETF, 미국 S&P500 인버스 ETF, 초장기채 ETF다.

📊 앱솔루트
배당주 인컴 전략

포트폴리오 구성을 위해 고배당주부터 고민해보자. 고배당주 10개는 어떤 기준으로 선별해야 할까? S&P500 내 배당이 높은 순으로 찾아도 되고, 여기저기 애널리스트 리포트에서 나온 주식들을 참조해도 된다. 다만 확실히 고민해야 할 부분은 오랫동안 현금흐름이 일정한 기업, 즉 배당 친화적인 기업을 찾는 것이다. 또한 고배당주에는 유독 에너지 기업들이 많아 유가의 변동성이 높을 때는 아무리 우량한 기업이라도 시장 리스크에 그대로 노출될 수 있다. 유가가 흔들리면 헤지가 어렵고 주식 가격 변동성도 상승하기 때문에 더더욱 포트폴리오 내 리스크를 충분히 고려해야 한다. 배당이 높더라도 MLP(Master Limited Partnerships)와 같은 '특별자산'은 되도록 피해야 하는 이유다.*

결론적으로 금융주, 특히 자산운용사의 주식과 현금흐름이 괜찮은 제약주, 필수소비재주를 추천한다. 더불어 최근 가격이 올라 시가배당률은 떨어졌어도 향후 니즈가 상승할 가능성이 높은 5G

---

* MLP란 원유 정제, 운송, 유통, 판매사, 송유관 등과 관련된 자산을 말한다.

앞서가는 서학개미를 위한 해외주식 투자지도

▶ 앱솔루트 배당주 인컴 전략 포트폴리오

구분	종목	설명	적용 비중(%)	배당률(%)
1	TLT ETF	초장기채	30	1.80
2	QYLD ETF	나스닥 커버드콜 전략	20	11.35
3	SH ETF	S&P500 숏 포지션	20	1.52
4	블랙록	세계 최대 자산운용사	3	2.01
5	시스코	시스템 IT 회사	3	3.11
6	유나이티드헬스 그룹	미국 의료, 보험사	3	1.54
7	엑슨모빌	미국 초대형 에너지 기업	3	7.57
8	화이자	미국 대형 제약사	3	4.43
9	3M	미국 대형 의료기기 등	3	3.68
10	IBM	IT 기기 제조 및 컨설팅사	3	5.30
11	이튼 밴스	미국 대형 운용사	3	3.67
12	펩시	식음료사	3	2.96
13	아메리칸 일렉트릭 파워 컴퍼니	미국 전력사	3	3.48

*배당률은 2019~2020년 회계 기간 산출 기준(기업별 차이 존재)

관련 특수 리츠 분야의 주식들도 괜찮다.

선별한 10개 고배당주는 다음과 같다. 바로 블랙록, 시스코, 유나이티드헬스 그룹, 엑슨모빌, 화이자, 3M, IBM, 이튼 밴스, 펩시, 아메리칸 일렉트릭 파워 컴퍼니다. 여기에 추가로 시장 헤지용으로 초장기채 ETF와 나스닥 커버드콜 전략을 위한 ETF, S&P500 숏 포지션 ETF를 포함시킬 것이다. 그럼 10개 주식과 3개 ETF를 가지고 인컴만을 추종하기 위한 포트폴리오를 구성해보자. 참고로

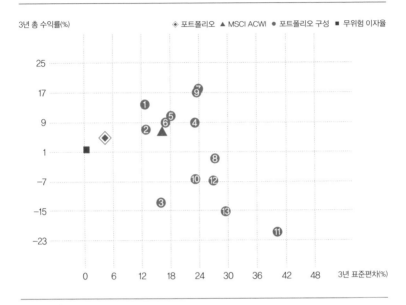

▶ 앱솔루트 배당주 인컴 전략 포트폴리오 시뮬레이션

ETF를 제외한 나머지 10개 고배당주는 동일비중으로 투자한다.

언급한 고배당주는 포트폴리오에 각각 3% 수준으로 투자해 총 30% 비중으로 가져간다. 배당이 높은 나스닥 커버드콜은 20%, 그리고 헤지를 위해 지수 인버스와 초장기채를 50% 포함시킨다. 50% 비중을 둔 이유는 고배당주와 나스닥 커버드콜 조합의 S&P500 상관계수가 0.6~0.7 수준이므로 그만큼의 비중으로 계산한 것이다. 물론 미세하게 조정하려고 하면 끝도 없으나 배당 수준, 즉 3% 수준의 인컴을 확보하기 위해서는 충분히 감당할 만한 수준이라고 본다.

헤지자산 50%에는 초장기채와 인버스를 활용했다. 2부 2장 '인컴 전략 ① 배당주의 변화'에서 언급했듯이, 과거와 달리 배당에 대한 인식이 바뀌었기 때문에 배당주를 포함한 배당자산에 대한 높은 비중의 숏 포지션이 수익률 제고에 유리하지 않다고 판단했다. 대신 주식과 상관계수가 매우 낮은 초장기채를 30% 비중으로 포함시켰다.

2020년 하반기는 자산의 상승폭이 커 보수적으로 2020년 7월 말 기준으로 데이터를 산출했다. 연간 약 4.8%의 배당을 기대할 수 있고, 과거 3년 시뮬레이션 기준 4.3%의 변동성이 나타났다. 시뮬레이션상 연간 5% 수준의 수익률을 기록했는데, 이는 거의 배당만 취한다는 뜻이다. 글로벌 주식 변동성의 1/3 수준보다 낮은 변동성으로 유사한 수익을 기대할 수 있고, 최대 낙폭 또한 3년 기준 2.7% 수준이므로 안전하게 인컴을 추구하는 목적에 부합한다. 참고로 본 전략은 시장 리스크는 헤지하고 초과수익만 추구하는 헤지펀드의 마켓 뉴트럴 전략 개념을 응용한 것이다(마켓 뉴트럴 전략을 비롯한 헤지펀드의 운용 전략은 후술하겠다).

• 마켓 뉴트럴 전략은 하나 혹은 그 이상의 시장에서 발생하는 가격의 등락을 이용해 이익은 챙기고, 특정 시장에서 발생하는 리스크는 완전히 피하려고 하는 투자 전략이다.

앱솔루트
자본 차익 전략

이번에는 헤지펀드의 마켓 뉴트럴 전략을 좀 더 확장시켜 적용해 보자. 시장 변동성을 낮추되 인컴이 아니라 시장보다 더 높은 수준의 자본 차익을 추구하는 것이다. 시장의 상승에 베팅하는 것이 아니라 섹터, 주식이 보유하고 있는 고유의 상승분만 취하겠다는 취지다.

코로나19 사태로 수급이 몰린 언택트 관련 ETF 및 5G, 클라우드 등 미래 유망 섹터에 투자하되 시장 리스크를 헤지하는 방식으로 포트폴리오를 구성하겠다. 시장 리스크는 위험자산 리스크만큼 초장기채와 숏 포지션 ETF로 헤지한다. 한마디로 앱솔루트 자본 차익 전략은 평소 주식에 관심이 높은 투자자가 시장의 트렌드 및 패러다임을 잘 읽고 시장 대비 초과수익이 높은 자산을 선별해 투자하는 방법이다.

앱솔루트 배당주 인컴 전략과 달리 고배당주를 빼고 언택트 테마로 포트폴리오를 구성했다. 시뮬레이션 결과만을 놓고 이야기하다 보니 다소 과장된 것처럼 느껴질 수 있지만, 개념을 설명하기 위해 시뮬레이션 추이를 간단히 정리해보겠다. 마찬가지로 2020년 하반기는 가격이 급상승해 2020년 7월 말 기준으로 데이

▶ 앱솔루트 자본 차익 전략 포트폴리오

구분	종목	설명	적용 비중(%)
1	TLT ETF	초장기채	30
2	PSQ ETF	나스닥 숏 포지션	20
3	ARKK ETF	혁신기업 투자	10
4	QQQ ETF	나스닥100 투자	10
5	IBUY ETF	온라인 리테일 기업 투자	5
6	SKYY ETF	클라우드 테마 투자	5
7	IGV ETF	소프트웨어 기업 투자	5
8	CLIX ETF	온라인 기업 롱 포지션, 오프라인 기업 숏 포지션 투자	5
9	SMH ETF	반도체 기업 투자	5
10	SRVR ETF	5G 인프라 기업 투자	5

터를 산출했다.

2016년 초부터 QQQ ETF 20%, ARKK ETF 10%, SMH ETF 10%, IGV ETF 10% 비중으로 투자하고, 2020년 1월부터는 필자가 제시한 포트폴리오의 비중대로 투자했다고 가정해보자. TLT ETF와 PSQ ETF로 포트폴리오 절반 수준인 50%만큼 헤지했다고 하더라도 3년 평균 15% 수준의 연간 수익을 기대할 수 있다. 과거 추정 성과가 앞으로도 담보될 것이라는 보장은 없지만 시장 리스크 이상으로 기술주가 선전해온 사실은 부인할 수 없을 것이다.

수익률보다 인상 깊은 부분은 변동성이다. MSCI ACWI 대비 절반 수준도 되지 않음에도 불구하고 수익은 2배가 넘는다. 인컴

▶ 앱솔루트 자본 차익 전략 포트폴리오 시뮬레이션

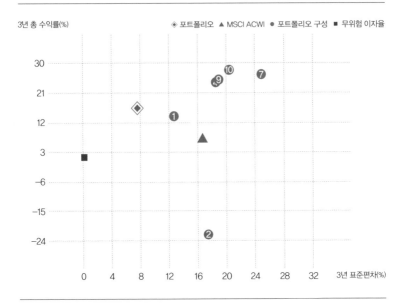

이 적은 것은 흠이지만 변동성이 적어 위험조정 성과, 즉 샤프지수가 3년 기준 1.5를 상회한다. 최대 낙폭도 −5.43% 수준이며 주식시장이 힘들었던 2018년에는 1.2%, 2020년 1분기에는 2.43% 수익을 거두는 등 높은 방어력을 보였다. 앞으로도 충분히 활용할 가치가 있는 포트폴리오라고 생각한다.

자산배분 투자로
변동성 대응하기

일반적으로 자산배분 투자는 기대수익률이 높은 주식 또는 주식형 펀드에만 투자하는 것이 아니라 위험자산과 상관관계가 적은 자산에 동시에 투자하는 분산투자를 의미한다. 즉 하나의 자산 가격이 한쪽으로 급격하게 움직이는 것을 상쇄시켜주는 효과를 기대하고 포트폴리오의 변동성을 낮춰 장기투자를 추구하는 방법이다.

자산배분을 할 때는 자산배분 방법론에 기초한 모델을 활용하는 것이 일반적이다. 1952년에 발표된 해리 마코위츠(Harry Markowitz)의 '평균분산최적화(MVO; Mean-Variance Optimization)' 이론이 가장 기본이다. 이는 '계란을 한 바구니에 담지 말라.'는 명제를 최초로 계량화한 이론으로, 논문에서는 효율적으로 포트폴리

오를 구성하면 리스크가 낮은 자산으로 높은 기대수익률을 제고할
수 있다고 주장한다.

📊 방법론에 기초한 세 가지 모델

마코위츠의 이론에 따르면 자산배분 투자란 일정 수준의 높은 수
익률을 추구하면서도 리스크를 낮출 수 있을 만큼 최대한 낮추는
방법이자, 동시에 일정 리스크 한도 내에서 수익률을 최대화하는
방법이다.

    마코위츠의 평균분산최적화모델에 표시된 점들은 포트폴리오
이고 곡선은 '최적 효율선(efficient frontier)'이다. 최적 효율선에 놓
여 있는 포트폴리오는 리스크 레벨을 낮추면서도 최적의 수익을
낼 수 있는 포트폴리오에 해당한다. 평균분산최적화모델을 통해
자산의 기대수익률과 변동성 및 상관계수를 변수로 최적의 분산
효과와 수익률을 지향하는 자산 비중을 도출할 수 있다. 다만 이
요소들이 모두 과거의 자료에 기초하기 때문에 이 이론은 '과거 수
익률이 미래 수익률을 담보할 수 없다.'는 펀드 투자설명서 문구의
기초가 되기도 했다.

    이후 평균분산최적화모델의 문제점을 보완한 모델이 윌리엄

앞서가는 서학개미를 위한 해외주식 투자지도

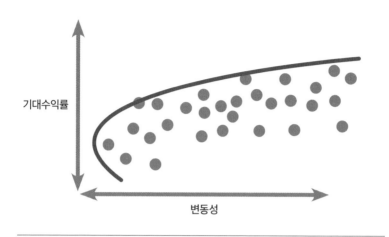

샤프(William Sharpe) 교수에 의해 발표된다. 이 모델이 바로 1부 1장 '왜 주식인가?'에서 언급한 '자본자산평가모델'이다. 샤프 교수는 자산의 수익률이 투자자산의 리스크에 따라 결정된다고 보았는데, 이를 좌우하는 것이 바로 리스크 프리미엄이다. 리스크 프리미엄이란 무위험자산 대비 해당 자산이 내포하고 있는 고유의 리스크를 뜻하는데, 자본 시장이 균형 상태에 있다면 시장 리스크도 측정할 수 있다는 게 샤프의 주장이다.

자본자산평가모델은 이후 골드만삭스의 피셔 블랙과 로버트 리터만에 의해 진화되는데, 이 모델이 그 유명한 블랙-리터만 모형이다. 블랙-리터만 모형과 자본자산평가모델의 차이점은 투자

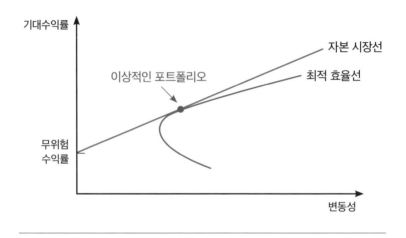

자의 시장 전망이 반영되는지의 여부다. 진화된 블랙-리터만 모형은 투자자 각각의 투자 성향과 투자 목표가 다르다는 점에서 출발한 이론으로, 투자자의 의견을 반영한 맞춤식 자산배분 방법론이라는 점에서 매우 획기적이라는 평가를 받았다. 더불어 이 모형은 위험회피계수라는 지표를 도출해 위험자산과 무위험자산 간 비중을 조절하는데, 위험회피계수가 높으면 위험자산 비중은 낮아지면서 무위험자산의 비중은 높아진다. 또한 투자자가 시장 전망을 고려해 수익률을 측정하고, 이에 따라 자산배분이 달라지는 점도 이전 모델과의 차이점이다. 시장을 전망하는 방법은 다양하기 때문에 어떤 로직으로 전망하는지에 따라 결과도 크게 달라진다.

📈
접근성이 뛰어나고
장기투자에 좋은 TDF

그런데 사실 개인투자자가 이러한 자산배분 방법론을 적용해서 직접 자금을 운용하기란 매우 어렵다. 웬만한 전문가도 하기 쉽지 않으며, 한다고 해도 잘 구성된 조직과 함께 일하지 않으면 모델에 적용할 데이터를 뽑아내는 작업 자체가 불가능하다. 하지만 자산배분이라는 행위를 굳이 본인이 직접 할 필요는 없다. 이러한 모델의 로직과 투자 목표를 효율적으로 대입한 상품이 시장에 많기 때문이다.

TDF와 ISA가 대표적이다. TDF는 은퇴 시점을 목표로 초장기로 운용되는 상품이며, 일임형 ISA(individual savings account)는 자산배분을 바탕으로 절세 효과까지 노릴 수 있는 상품이다. 이 밖에도 블랙록, 슈로더 등 유명 외국계 운용사에서 수십 년간 운용해온 자산배분 상품을 찾아 가입하는 방법도 있다. 이름은 조금씩 다를 수 있으나, 위험자산에서 수익을 추구하되 자산관의 상관관계를 고려해 변동성을 최소화하고 리스크를 줄이는 운용 전략은 대동소이하다.

개인적으로 운용사와 은행을 거치면서 다양한 관련 상품을 운용해본 경험을 바탕으로 첨언하자면, 장기투자를 목표로 자금을 운용할 수 있는 형편이 된다면 TDF를 추천하고 싶다. 우리나라 TDF의 경우 자산배분의 뼈대가 되는 로직을 해외 운용사와 합작으로 개발하거나 차용한 경우가 대부분이다. 일반적인 자산배분 상품과는 달리 TDF는 우리나라의 인플레이션과 직장인의 소득 수준 등을 바탕으로 고안되었고, 국내 투자자들의 니즈와 환경을 가장 잘 반영한 상품이라고 생각한다.

현재 필자가 운용 중인 'NH-Amundi 하나로 TDF'를 예로 들어보겠다. 이는 웰스파고라는 미국 운용사와 협업해 운용하는 상품으로, 10~30년 기간의 투자를 목표로 주식과 채권의 자산배분 비율을 매년 달리한다. 우리나라에서 가장 먼저 TDF를 내놓은 삼성자산운용의 상품을 포함해 국내엔 10개가 넘는 TDF가 있는데 면면을 들여다보면 큰 줄기는 비슷하다. 만기를 많이 남겨놓은 시점에는 위험자산에 투자해 자본 차익을 노리고, 만기가 다가올수록 운용 리스크를 줄이기 위해 위험자산 비중을 축소하고 상대적으로 안전자산인 채권의 비중을 늘린다. 이렇게 만기가 다가올수록 변동성을 줄이는 자산배분 방법을 활용하면 투자자가 원활하게 수익을 가져갈 수 있다. 만기를 눈앞에 둔 시점에 높은 변동성으로 그간 쌓아놓은 수익을 날리게 되면 그만큼 아쉬운 일도 없을 것이다. 장기투자의 수익이라는 것은 목적이 분명한 자금이라는 뜻도 되기 때문이다.

채권 비중이 높아지는 와중에도 변동성이 높은 신흥국 국채,

앞서가는 서학개미를 위한 해외주식 투자지도

▶ 글라이드패스의 개념

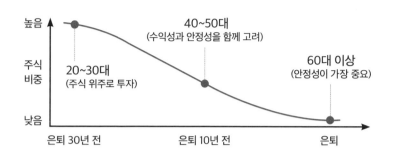

글로벌 하이일드 채권 등에 투자하는 비중이 만기에 달할수록 축소되고, 선진국 국채 및 글로벌 우량 회사채 투자 비중이 확대될 가능성이 높다. 주식도 선진국 주식의 비중이 높아질 수 있다. 이를 '글라이드패스(glide path)'라고 한다. 글라이드패스란 만기에 갈수록 채권의 비중이 높아지고 주식의 비중이 낮아지는 그래프의 모양이 비행기 착륙과 비슷하다는 의미에서 지어진 이름이다.

헤지펀드 투자로
절대수익 추구하기

절대수익 추종자의 길을 걷기로 결심했다면 글로벌 헤지펀드도 눈여겨봐야 한다. 글로벌 헤지펀드는 많은 이해와 공부를 필요로 하는 쉽지 않은 투자상품이다. 실제로 여의도 바닥에서도 헤지펀드 전략을 제대로 이해하는 사람은 적고, 이를 투자에 활용하는 선수도 드물다.

헤지펀드는 본래 운용 리스크를 축소하기 위한 목적으로 구성된 투자 전략이자 상품이다. 시장이 한쪽 방향으로 치우쳐 움직이더라도 시장의 반대 방향으로 일정 자산을 베팅해 쏠림 현상을 줄이고, 변동성과 리스크에 대응하는 투자 전략을 구사한다. 상승장에서는 물론 수익을 추구할 수 있지만, 시장이 상승만 거듭할 수 없기 때문에 하락장에서도 수익을 추구할 수 있도록 고안된 상품이다. 이뿐만 아니라 레버리지를 이용하고, 현물은 물론 파생상품 등 다양한 자산에 투자해 수익률 제고를 모색한다.

투자자의 입장에서는 해당 전략과 투자자산이 너무 복잡하게 느껴지고 거부감이 들지 모른다. 일관된 전략을 구사하기보다는 적극적이고 유동적으로 시장을 예측하고 대응하기 때문이다. 하지만 시장에 편승해 마냥 등락만 거듭하는 일반 뮤추얼펀드보다는 잘 운용되고 있으며, 절대수익을 추구한다면 헤지펀드가 상대적으로 안정적이고 장기투자에 더 적합할 수 있다.

헤지펀드의 운용 전략

헤지펀드는 뮤추얼펀드에 비하면 매우 다양한 전략을 가지고 있다. 특히 주식형의 경우 기본적인 롱숏 전략은 물론이고, 이벤트 드리븐 전략, 바이앤홀드 전략, 마켓 뉴트럴 전략 등 시장의 성격에 맞는 여러 전략이 있다. 세세히 모든 전략에 대해 알고 있으면 도움이 되겠지만 실제로 운용을 해보지 않고서는 사실 전략 간 차이를 크게 느낄 수 없다.

여기서는 큰 범주의 운용 스타일과 전략으로 상품의 이해를 돕고자 한다. HFR(Hedge Fund Research)에 따르면 헤지펀드 운용 스타일은 크게 글로벌 매크로 전략과 주식 헤지 전략, 상대가치 전략, 그리고 앞에서 언급했던 이벤트 드리븐 전략이 있다. 이 중 주식 헤지 전략이 비중에서 절반 가까이를 차지하고, 나머지 전략이 비슷한 비중을 가지는 것이 트렌드다.

우선 글로벌 매크로 전략은 거시경제 분석을 바탕으로 매매하는 전략이다. 글로벌 매크로 전략은 IMF 외환위기 때 떠오른 조지 소로스(George Soros) 때문에 더 유명해졌는데, 1992년 영국은행이 조지 소로스 펀드와 대적하다 하루에 기준금리를 2번 상향 조정한 사건은 운용업계의 전설로 남아 있다. 글로벌 매크로 전략은 전 세계 금융상품, 파생상품을 모두 활용하는 전략으로, 선물을 활용하는 CTA(Commodity Trading Advisor) 전략을 포함한다. 자산의 종류가 워낙 많고 다양한 경제지표를 분석해야 하기 때문에 시장의 패턴을 읽어 자동으로 주문을 내는 시스템 트레이딩을 활용할 때도 있다. 최근 트렌드를 보면 꾸준한 수익률을 보이다 2016년 들어 성과가 나빠지기도 했으나 지속적으로 니즈가 있는 전략이다.

다음으로 주식 헤지 전략은 우리가 흔히 알고 있는 롱숏 전략이 주를 이룬다. 롱숏 전략은 기본적으로 매수 포지션(long position)을 구축하되 하락 가능성이 높은 주식, 지수에 대해서는 매도 포지션(short position)을 잡아 양방향의 수익을 추구한다. 매수 포지션의 비중이 높은 전략(long bias) 또는 매도 포지션에 무게

앞서가는 서학개미를 위한 해외주식 투자지도

를 더 두는 전략(short bias)으로 구분되기도 하지만 대부분의 글로벌 롱숏 펀드는 펀드 자산의 70%는 매수 포지션, 30%는 매도 포지션을 취한다.

롱숏 전략이 헤지펀드의 기본이 된 이유는 '매도 포지션 구축'의 효용성 때문이다. 하락에 베팅한다는 개념 자체가 시장의 방향성과 관련성을 줄일 수 있어 '리스크 헤지'라는 개념과 일맥상통한다. 채권, 원자재, 선물 등에도 이 개념이 적용되어 전략의 범위가 확대되었다. 이를 두고 공매도(short selling strategy)라고 별도의 이름을 붙이기도 하지만 실질적으로는 롱숏 전략의 일환으로 많이 쓰인다. 참고로 롱숏의 어원은 여러 가지 의견이 분분하지만, 상승을 갈망한다는 뜻의 '롱 포(long for)'와 매도 후 보유 자산이 부족해진다는 개념인 '숏 오프(short of)'에서 유래했다는 의견이 있다.

상대가치 전략은 시장의 방향에 베팅하는 전략과는 달리 자산의 가치를 평가하거나 자산 간 괴리를 포착하는 방법이다. 등락이 있더라도 결국 본래 가치로 되돌아간다는 특성을 활용하거나, 자산 간의 괴리를 포착한 후 싼 자산은 매수하고 비싼 자산은 매도하는 전략이다. 이를 위해서 특정 수리적 모델 또는 통계적 모델을 쓰기도 한다. 마켓 뉴트럴 전략이 대표적이라 할 수 있다. 일반적인 주식형 롱숏 전략처럼 펀더멘털을 분석해 상대적 우위의 주식을 매수하고, 열위의 주식을 공매도해 양방향의 이익을 추구하는 것까지는 비슷하다. 다만 위험자산 노출도를 0으로 한다는 부분에서 차이가 있다. 공매도 포지션과 주식 포지션을 거의 동일하게 유지할 경우 위험자산 노출도가 0이 되지만, 한쪽이 높으면 위험자산 노출도가 증가해 일단 0보다 높아진다. 예를 들어 지수를 매도하고 바스켓을 짜서 매수하는 식으로 동일한 비중의 포지션을 취하면, 시장 리스크를 없애고 바스켓에서 나오는 알파 성과로 안정적인 수익을 도모할 수 있다.*

　마지막으로 이벤트 드리븐 전략이 있다. 사건기반 전략이라고도 한다. 시장과 기업에 예상치 못한 이벤트나 예상되는 이벤트가 발생하는 경우 이를 이용해 수익을 얻는 전략이다. 기업이 적정가치를 벗어나 있고 이벤트가 예상된다면 주가 흐름에 따라 숏(공매도)을 치기도 하고, 매수 포지션을 유지하기도 한다. 즉 기업 간 인수합병, 상장, 파산 등의 이슈가 예상되거나 시장 분석을 통해 이러한 이벤트를 미리 알 수 있다면 포지션 구축이 가능하다. 이벤트 전에 포지션을 구축하고 이벤트가 발생하면 포지션을 청산하는 것도 이벤트 드리븐 전략에 포함되지만, 이벤트 이후 발생하는 주가 흐름에 대응하는 전략 역시 이벤트 드리븐에 포함된다. 한국에서는 기업인수목적회사를 통해 기업 인수 합병에 대응하는 이벤트

---

* 바스켓이란 지수의 수익률을 따라갈 수 있는 주식들을 뜻한다.

드리븐 전략이 한국형 헤지펀드에서 활용되기도 했다.* 물론 제대로 해내는 펀드는 찾아보기 어렵지만 말이다.

헤지펀드 ETF도
좋은 대안이다

이러한 헤지펀드 전략을 활용하는 글로벌 펀드의 수익률은 천차만별이다. 그리고 좋은 펀드를 골라서 투자하고 싶어도 운용사에서 사모펀드로 출시하기 전까지 기다려야 하는 단점이 있다. 다만 전략별로 유사한 펀드들의 수익률을 추종하는 ETF도 존재하기 때문에 필요할 때는 제한적으로 활용해볼 수 있다.

헤지펀드 전략은 좋은 헤지펀드를 찾아 투자하는 것이 원칙이자 정석이다. ETF라는 보조 수단이 있으니 활용은 하되 이를 '진짜' 헤지펀드 투자라고 생각해서는 안 된다. 제대로 된 펀드를 한 번이라도 본 사람은 '보조 수단'이라는 단어에도 절대 동의할 리 없기 때문이다. 다만 헤지펀드 ETF는 변동성을 축소하는 데 매우 유용하다. 하지만 이는 위험자산에 대한 투자를 결정한 이후에 익

---

* 기업인수목적회사란 비상장 기업과 합병하기 위해 코스닥에 상장된 페이퍼컴퍼니의 일종이다.

스포저를 조절하는 데 유용하다는 뜻이지 절대적으로 수익을 낼 수 있다는 의미는 아니다. 좋은 헤지펀드는 오랜 기간 매년 수익을 내기도 하지만 대부분은 그러한 수익을 '기대'할 뿐이다. 따라서 헤지펀드 ETF는 시장 상황에 따라 적합한 투자 전략에 대한 확신이 서지 않을 때 활용하는 것이 좋다고 생각한다.

헤지펀드 ETF는 절대수익 추종자뿐만 아니라 시장 추종자 역시도 국면별로 스타일 전략을 활용하기 '애매한' 상황에서 투자하기 좋다. 가령 현 시점을 확장기 끝자락이라고 판단하고 있는데 당장 로우볼 전략을 활용하기에는 금리 수준이 높다거나, 퀄리티주의 밸류에이션이 과하게 비싸다면 헤지펀드 ETF 투자를 고려해볼 만하다. 이 경우 롱숏 전략의 펀드나 M&A 전략의 펀드를 포트폴리오에 추가해 초과수익을 노릴 수 있다.

전문적인 펀드매니저들은 물론이고 일반적으로 투자자들은 변동성을 줄이기 위해 많은 노력을 기울인다. 자산배분이라는 '도구'를 활용해 성격이 다른 여러 자산을 섞어 분산투자 하는 방법도 있지만, '전략'의 다변화를 통해 변동성을 줄이는 방법도 존재한다. 단일 헤지펀드 전략을 활용해 상대적으로 안정적으로 수익을 추구하는 방법도 있다. 포트폴리오에 이러한 전략을 담아 잠시 비바람을 피해가는 쉼터로 활용해보면 어떨까?

▼ 주요 헤지펀드 ETF와 시장 지수

티커	이름	변동성 (연율화)	전략	운용 시작일	운용자산 (백만 달러)	수익률 (6개월)	수익률 (1년)	수익률 (3년)
QAI US EQUITY	IndexIQ ETF Trust - IQ Hedge Multi-Strategy Tracker ETF	10.12	복수의 헤지펀드 전략 복제	2009년 3월 25일	803.87	7.41%	5.73%	11.09%
MNA US EQUITY	IQ Merger Arbitrage ETF	15.21	M&A이슈 종목 투자 전략	2009년 11월 17일	738.14	8.16%	2.72%	9.83%
RPAR US EQUITY	RPAR Risk Parity ETF	15.15	리스크 패리티 전략	2019년 12월 13일	977.65	12.98%	19.4%	-
FTLS US EQUITY	First Trust Long/Short Equity ETF	19.66	글로벌 롱숏 전략	2014년 9월 9일	311.62	6.71%	2.56%	13.4%
BTAL US EQUITY	AGFiQ U.S. Market Neutral Anti-Beta Fund	24.89	미국 언더[베타/저베타 롱/고베타 숏] 전략	2011년 9월 13일	131.85	0.22%	-21.61%	-13.86%
CCOR US EQUITY	Core Alternative ETF	16.55	리스크 리워드 전략	2017년 5월 24일	139.34	3.88%	4.07%	15.47%
GURU US Equity	Global X Guru Index ETF	34.85	주요 헤지펀드 포트폴리오 트랙	2012년 6월 5일	65.85	31.05%	25.27%	53.32%
IPO US Equity	Renaissance IPO ETF	41.95	IPO 투자 전략	2013년 10월 16일	737.53	59.47%	107.88%	131.21%
KNOW US Equity	Direxion All Cap Insider Sentiment Shares ETF	37.38	내부자 거래/애널리스트 의견 상승 종목 투자	2011년 12월 8일	46.77	9.19%	-8.00%	-6.33%
CLIX US Equity	ProShares Long Online/Short Stores ETF	29.64	온라인 기업 롱 포지션, 오프라인 기업 숏 포지션	2017년 11월 14일	247.25	28.72%	90.91%	138.17%
SPX Index	S&P500 Index	34.83	-	-	-	21.15%	16.26%	40.49%
MXWD Index	MSCI ACWI Index	28.02	-	-	-	23.12%	14.34%	25.97%

3부

해외주식 투자자를 위한 인사이트

투자는 IQ와 통찰력 혹은 기법의 문제가 아니라,
원칙과 태도의 문제다.

_벤저민 그레이엄(Benjamin Graham)

1장

시장을 통찰하면
돈 되는 기업이 보인다

세계의 경제는
어떻게 돌아가는가

세계의 경제는 어떻게 돌아갈까? 해외주식 투자를 염두에 두고 있는 투자자라면 당연히 고민해봐야 할 문제다. 흔히 경제를 논할 때 가장 먼저 나오는 이야기가 바로 '수요와 공급'이다. 경제학에 관심이 없더라도 수요와 공급의 법칙에 대해서는 잘 알고 있을 것이다. 세계 시장 역시 이 논리로 보면 간단하게 이해할 수 있다. 물건을 남보다 경쟁력 있게 만들어 팔고 합당한 대가로 재화를 받아 자신이 필요한 것을 사서 쓰면 된다. 이런 일련의 행위들이 반복되어 경제가 돌아가는 것이다. 열심히 만들고, 열심히 팔고, 필요한 만큼 열심히 사는 행위를 구성원 모두가 성실하게 하면 문제가 없다.

닭이 먼저인지 달걀이 먼저인지로 논쟁을 벌일 수는 있겠지만 결국 물건이 잘 팔리려면 소비자가 물건을 잘 사주면 된다. 물건의 질을 놓고 가격을 흥정할 수는 있겠지만 결과적으로 물건은 재화와 교환되기 마련이다. 물건을 구매하는 사람이 소비자이며 바로 그들이 재화, 즉 돈을 갖고 있는 구매력을 가진 주체다. 정부가 자국민의 소비 심리 위축에 민감하게 대응하는 이유가 여기에 있다. 물건이 잘 팔려야 경기가 선순환하기 때문이다. 그럼 과연 세계 시장의 소비자는 누구일까?

📈 미국의 구매력이 세계를 움직인다

돈이 있어야 소비자가 되는데, 그럼 돈을 쥐고 있는 주체는 누구일까? 바로 부자다. 세계 시장에서는 돈이 많은 선진국이 해당된다. 부자인 선진국은 물건을 많이 만들어 팔기 때문에 부유하다. 돈이 없는 신흥국에 물건을 파는 경우도 있지만 보통 대규모 거래는 선진국끼리 하는 경우가 많다. '메이드 인 재팬' 딱지가 붙은 토요타 자동차와 소니 전자제품은 미국과 유럽에서 기가 막히게 팔렸고, 미국의 매킨토시 컴퓨터는 시대를 평정했다. 이처럼 선진국은 생산력과 구매력을 동시에 갖추고 있다.

비교우위에 따른 자유무역을 주장하는 패러다임 속에서 각국은 우위에 있는 제품을 생산하기에 분주했고, '무역'이라는 시스템을 통해 경제 공동체를 이루어왔다. 세계화로 인해 자급자족은 옛말이 되었고, 현재는 서로가 복잡하게 얽혀 경제 도미노를 우려하면서 어깨를 맞대고 살고 있다. 물론 플라자 합의로 서로의 뒤통수를 때린 적은 있지만 말이다. 하지만 이렇게 서로가 서로를 의지하는 과정에서도 당연히 우열은 나뉜다. 어떤 나라는 강력한 '구매력(buying power)'을 앞세워 상대국에 수출하는 자국의 물건 가치를 더 인정받기도 하지만, 일부 국가는 빈약한 구매력으로 인해 본인들의 물건 가치를 인정받지 못해 적자를 보기도 한다. 이러한 메커니즘에서 가장 우위를 점하고 있는 국가가 바로 미국이다.

세계무역기구(WTO)의 통계에 따르면 미국은 2018년 약 2조 6천억 달러의 물품을 수입해 수입 강대국의 면모를 보였다. 2위인 중국을 약 5천억 달러 차이로 앞선 수치다. 매년 꾸준히 성장을 기록해 구매력을 확대하고 있다. 단일 국가 자동차 판매량 또한 세계 최대 수준으로, 2020년에만 무려 1,500만 대 가까이 팔렸다. 이는 팬데믹으로 전년 대비 12% 감소한 수치다. 과거 5년 동안은 계속해서 1,700만 대가량의 판매량을 기록했다. 전자제품 및 각종 소비재 판매까지 고려하면 미국의 구매력은 실로 막강하다. 반면 2018년 미국의 수출액은 약 1조 6천억 달러를 기록해 수입보다 적었다. 적자를 기록한 것이다. 통계를 보면 줄곧 적자를 기록해왔다는 표현이 더 정확하다. 2010~2017년 수출 평균 성장률은 수입 대비 0.1% 낮은 2.8%로, 매년 적자 규모가 확대되고 있다. 트럼프 전 대통령이 왜 각국 정상과 무역협상을 다시 했는지 간단한 숫자만 봐도 알 수 있다. 미국은 무역만 놓고 보면 적자 국가다. 참 아이러니하다. 무역으로 돈을 벌고 있지 못하지만 세계 최고의 구매력을 가지고 있다. 돈을 못 벌고 있는데 구매력은 가장 세다. 다시 말해 돈을 벌 수 없는 경제 구조인데 가장 많은 물건을 사들인다.

📊
미국의 구매력에
투자하라

현명한 투자자라면 미국의 국내 문제와 국외 문제를 분리해서 볼 필요가 있다. 즉 미국의 구매력은 국외 문제로 전 세계 제조업에 지대한 영향을 미치는 요인이다. 미국의 구매력이 떨어지면 당장 신흥국 공장에 들어오는 주문이 줄어들게 되고, 주문이 줄어들면 매출이 떨어져 법인세 수입까지 감소한다. 해당 국가 재정에까지 영향을 주는 것이다. 따라서 구매력이 크다는 건 다른 나라의 재정에 영향을 줄 수 있는 여지가 많다는 뜻이다.

　반면 미국의 적자는 미국 국내의 문제다. 미국이 버는 돈보다 쓰는 돈이 더 많은 건 살림살이 문제에 해당한다. 적자가 늘어나면 살림살이도 어려워져 지출 자체가 줄어들 수 있지 않느냐고 반문

할 수 있지만, 이는 미국이 기축통화 달러의 발권국이란 사실을 간과한 생각이다. 일반적으로 국가는 돈을 찍거나 채권을 발행해 자금을 조달한다. 자금 부분에서 문제가 생기면 이렇게 돈을 찍어 해결할 수 있지만 쉬운 일은 아니다. 돈을 찍으면 기축통화와 해당 통화를 교환해야 하기 때문에 교환하는 과정에서 통화 가치 하락이 발생하게 된다. 그렇다고 채권을 발행하자니 국가 부채가 늘어나 근본적인 해결이 어렵다.

하지만 미국은 일반적인 국가가 아니다. 앞서 이야기했듯이 기축통화 달러의 발권국이므로 달러를 찍어서 필요한 자금을 충당하면 된다. 미국의 부채는 2020년 3분기를 기준으로 27조 달러를 넘어섰다. 규모가 너무 커서 한화로 따져볼 필요도 없다. 액수가 액수인 만큼 한때 예산이 통과되지 않아 정부 운영이 중지되는 셧다운을 당한 적도 있다. 하지만 크게 걱정할 일은 아니다. 정부 운영을 일시 정지할 수는 있을지언정 파산을 걱정할 필요가 없기 때문이다. 앞서 언급했듯이 달러가 기축통화이니 가능한 일이다.

만약 우리나라 한국은행이 원화를 찍어서 채무를 갚는다면 원화의 가치는 단기간에 하락하게 되고, 국내 시장은 예상치 못한 인플레이션에 빠져 곤경에 처할 것이다. 하지만 달러의 수요는 도처에 있기 때문에 찍어낸다고 인플레이션을 쉽게 일으키지 않는다. 기축통화 달러가 전 세계 금리와 유동성을 조절하는 이유다. 하물며 미국은 전 세계를 상대로 강력한 구매력을 행사하는 국가다.

앞서가는 서학개미를 위한 해외주식 투자지도

그럼 다시 정리해보자. 미국의 구매력은 세계 최고다. 구매력 뒤에는 달러라는 든든한 담보가 있다. 미국주식에 투자하는 당위성이 충족되는 이유는 미국의 구매력이 다른 나라에 미치는 영향력이 지대하기 때문이다. 즉 미국의 구매력이 떨어지면 다른 나라의 매출이 감소하고 투자 매력도가 떨어지게 된다. 따라서 미국의 구매력에 투자하는 것은 다른 나라의 매출에 간접적인 영향을 주는 투자이므로, 가장 기본이 되는 투자 행위라고 볼 수 있다. 그래서 해외주식 투자의 가장 기본은 미국을 주시하고, 미국에 투자하는 것이다. 미국의 구매력은 포트폴리오 구성에 있어 미국주식을 핵심자산으로 삼아야 하는 연유다. 물론 확률은 낮지만 훗날 미국의 구매력이 감소한다면 이 판단을 재고해볼 수도 있다.

글로벌 금융 시장의
생사초, 달러

넷플릭스 드라마 〈킹덤〉에는 죽은 사람을 되살리는 '생사초'라는 신묘한 약초가 나온다. 생사초는 죽은 사람을 살리는 대신 살아난 이를 좀비로 만드는 치명적인 부작용이 있는데, 좀비가 된 사람들은 누군가의 피를 갈망하며 흉측한 모습으로 이곳저곳을 뛰어다니게 된다. 투자를 업으로 삼고 있는 필자는 이 장면을 보면서 엉뚱하게도 '선진국 투자은행'이 생각났다. 누군가의 피를 뽑아먹기 위해 달리는 아귀의 모습에서, 정크본드로 변한 신흥국의 우량한 자산들을 탐욕스럽게 쓸어 담는 선진국 투자은행의 모습이 연상되었기 때문이다.

죽은 사람을 좀비로 되살리는 생사초는 달러, 좀 더 정확히는

'기축통화'가 연상되었다. 극중 생사초는 죽은 이를 되살리는 수준을 넘어 놀라운 '확산' 이벤트를 만들어 정치적으로 활용된다. 멀쩡한 사람을 생사초를 이용해 죽이기도 하고, 좀비로 만들기도 한다. 이처럼 권력자들의 '명'을 이어주는 도구로 활용된다는 측면에서 필자는 생사초가 달러와 유사하게 느껴졌다. 의미는 다소 상이하지만 달러 역시 기업을 되살리고, 빈곤을 구제하는 등 정치적 도구로 사용되기 때문이다. '유동성'이라는 고상한 표현을 쓰지만, 결국 유동성이란 건 본인들의 실리를 챙기기 위해 달러를 무기로 전 세계 국가들의 멱살을 쥐었다 풀었다 하는 것과 같다.

견고한
달러의 지위

기축통화 달러는 백지수표의 역할을 하며 지금도 그 지위를 공고히 하고 있다. 제2차 세계대전 이전에는 주로 파운드가 기축통화의 역할을 했지만 제2차 세계대전 이후에는 현재까지 달러가 통용되고 있다. 무적함대를 지닌 스페인을 격파하고, 프랑스 지상군을 제압하고, 산업혁명을 통해 전 세계 산업을 리드한 대영제국의 화폐(파운드)는 한때 금과 어깨를 나란히 하며 '가치 저장 수단'으로 널리 통용되었다. 그러나 영국을 포함한 세계 각국은 제1차 세계대전을 치르며 미국의 투자은행과 정부에 엄청난 빚을 지게 되었고, 더불어 제2차 세계대전이 끝날 무렵에는 유럽의 각국 정상들이 폐허가 된 도시를 복구하고자 금이 많을 것으로 추정되는 미국에 다시 돈을 빌리게 된다. 결과적으로 두 차례의 세계대전 과정에서 참전국들이 미국에 물자를 조달받으면서 달러가 새로운 가치 저장 수단으로 각광받게 되었고, 결국 영국은 전 세계 금의 절반 가까이를 보유한 미국에 기축통화국의 '패권'을 넘기게 된다.

이처럼 기축통화국, 기축통화 발권력의 지위란 넘볼 수 없는 철옹성 같은 국력을 지니고 있을 때만 누릴 수 있는 특권이다. 사실 기축통화의 지위는 많은 사람이 써야만 유지할 수 있는 것이다. 1800년대 중반, 대영제국이 파운드 중심의 금본위제를 도입할 수 있었던 이유도 당시에는 영국이 세계 제일의 공업국이었기 때문이다. 아울러 기축통화라는 생사초를 지속적으로 보유하기 위해서는 국력, 즉 경제력과 군사력이 있어야 한다. 하지만 스페인, 영국도 그랬듯이 기축통화 발권국의 힘을 유지하기 위해서는 많은 돈과 공이 들어간다. 그러다 보면 국력이 약해질 소지가 많다. 경제적인 측면에서만 봐도 달러 유통을 위해 달러를 찍어 재화를 사들이면 그 과정에서 무역수지 적자가 발생하고, 경상수지도 적자를 볼 수밖에 없다. 반대로 그 가치를 지키고자 긴축을 하면 경제 자체가 내리막길을 걸을 수 있다. 즉 사면초가의 상황에 빠질 수 있다.

2016년 트럼프 전 대통령이 집권한 이후 달러가 처한 상황을 보면 그간 세계의 경찰 역할을 자처한 미국도 지위가 약화되고, 달러의 활용 빈도도 축소될 가능성이 커 보였다. 경상 적자를 용인하는 것이 달러의 지위를 지킬 수 있는 길이라고 주장한 경제학자 로버트 트리핀(Robert Triffin) 교수의 주장과 반하는 정책들이 연달아 나오기도 했다.* 그럼에도 불구하고 코로나19 사태 이전까지 달러의 지위는 약해지지 않았다. 오히려 더 강해졌다. 달러가 미국의 국력과 동반한다고 보는 것이 맞을 것이다.

필자는 『해외 주식투자의 정석』에서 기축통화 달러의 우위가 '우리 세대'까지 유효할 것이라고 주장했었다. 현재는 이 주장을 '다음 세대'까지로 수정하고 싶다. 그 이유는 몇 가지가 있다.

첫 번째 근거: TED 스프레드

첫 번째로 코로나19 사태에서 목도했듯이 이미 달러는 안전자산으로서의 지위가 매우 단단하다. 2020년 3월 셋째 주, 미국의 증시는 유래 없는 폭락장을 맞이한다. 하루에 증시가 10% 넘게 하락하는 동시에 채권, 금, 엔화의 가치가 모두 하락했다. 그야말로 지옥문 그 자체였다. 그런데 달러는 진귀한 장면을 연출한다. 모든

• 트리핀 교수는 1960년대에 기축통화의 구조적 모순을 지적한다. 달러가 기축통화의 역할을 하기 위해서는 대외 거래에서 적자를 발생시켜 국외에 끊임없이 유동성을 공급해야 하는데, 적자 상태가 장기간 지속되면 유동성이 과잉되어 달러의 가치가 흔들릴 수밖에 없다. 반면 장기간 흑자 상태를 지속하면 국제 무역과 자본 거래를 제약할 수 있다.

자산이 폭락하는 가운데 유일하게 그 가치를 지켜냈기 때문이다. 모든 자산이 폭락하는 상황 속에서도 달러에 대한 수요는 여전했다. '현금 보유'가 유일한 해답이라고 생각한 투자자들은 달러를 보유함으로써 안도할 수 있었다.

물론 달러가 가치를 지켜냈다는 의견에 반론도 있다. 달러의 가치를 측정하는 달러 인덱스 자체가 글로벌 6개 통화로 구성되어 있기 때문이다. 즉 이는 상대적인 가치를 드러내는 지표이기 때문에 기본적으로 '강세'가 자연스럽다는 주장이다. 하지만 전통적 안전자산으로 자리매김해온 엔화나, 달러의 지위를 종종 흔드는 유로화 등과 달러의 가치를 직접적으로 비교해보면 틀린 이야기란 것을 알 수 있다. 구체적으로는 달러의 유동성을 알 수 있는 TED 스프레드를 보면 증명이 된다.

TED 스프레드란 미국 국채 3개월 수익률과 리보(LIBOR) 간의 차이를 말한다.* 리보금리는 은행 간 대출금리와 연동되는 금리이므로, 쉽게 말해 은행의 조달 의지로 해석된다. 따라서 TED 스프레드는 은행들 사이의 자금 조달 의향을 반영한다. 2020년 3월, TED 스프레드가 급격히 증가한 이유는 그만큼 시장에서 달러 자금을 필요로 했기 때문이다.

• 리보란 영국 런던에서 우량은행끼리 단기 자금을 거래할 때 적용하는 금리를 뜻한다.

앞서가는 서학개미를 위한 해외주식 투자지도

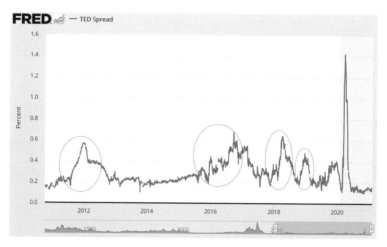

▶ TED 스프레드 그래프

과거 10년간의 추이를 살펴보자. 2012년, 금리가 인상되었던 2015년과 2016년, 미·중 무역분쟁이 시작된 2018년, 무리한 금리 인상으로 시장이 흔들렸던 2018년 말과 2019년 초에 TED 스프레드가 확대되었다. 즉 위기가 찾아올 때마다 투자자들은 달러를 찾았고, 이러한 흐름은 과거보다 훨씬 강해졌으며, 앞으로도 쉽게 가라앉지 않을 것으로 보인다.

두 번째 근거: 승기를 잡은 미국

두 번째 이유는 G2 싸움에서 결국 미국이 승리할 확률이 높기 때문이다. 혹자는 중국이 잘 맞서 싸워서 독야청청의 미국이 겸손해지기를 바라기도 한다. 물론 아직 싸움이 끝났다고 볼 수는 없으나, 2018년부터 벌어진 미·중 무역분쟁은 결국 미국이 승기를 잡는 분위기다. 조 바이든(Joe Biden) 대통령도 트럼프 전 대통령과 유사한 강경한 대중국 정책을 펼칠 것으로 보인다. 여하튼 현재까지 미국은 중국과의 협상 과정에서 그간 부여했던 관세 혜택을 축소했는데, 2019년 말 1차 협상의 조건으로 일부 축소한 관세 혜택을 다시 확대하는 방법을 쓰면서 '손해 보지 않는 협상'의 전형을 보여주었다.

미국은 '멀쩡한' 관세를 인상했고, 중국을 환율조작국으로 지정했으며, 이러한 페널티를 막판에 마치 '혜택'을 주듯이 조금 줄여주는 상황을 연출했다. 중국은 고개를 빳빳이 들긴 했어도 금융 시장을 개방하고, 위안화 환율을 관리하는 등 많은 협상 카드를 내주는 결과를 낳았다. '도광양회'의 시기를 앞당긴 중국이 짊어진 부담은 경제에 여실히 큰 영향을 미치고 있으며, 추후 이를 중국이 어떻게 해결할지에 모두의 관심이 집중되고 있는 상황이다. 미국의 지위가 견제가 불가능할 정도로 이전보다 더 견고해지면서 달러의 지위는 배가 되었고, '금'보다 귀한 '종이'가 되었다.

미국은 비슷한 경험이 많다. 이러한 알력 다툼이 처음은 아니다. 1980년대 플라자 합의를 통해 내수 시장을 위협하는 독일과 일본을 향해서 비슷한 칼을 겨누었고, 결국 일본을 주저앉혔다. 엔화의 절상으로 일본은 '잃어버린 20년'을 겪는다. 미·중 무역분쟁 역시 돌아가는 판세가 비슷하다는 느낌이 든다. 오히려 앞으로 중

앞서가는 서학개미를 위한 해외주식 투자지도

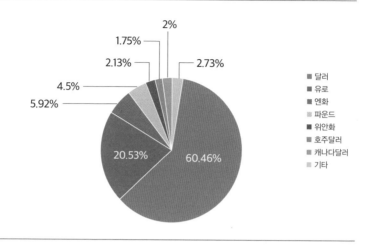

2%

1.75%

2.13%

2.73%

4.5%

5.92%

20.53%   60.46%

■ 달러
■ 유로
■ 엔화
▨ 파운드
■ 위안화
■ 호주달러
■ 캐나다달러
▨ 기타

국이 일본보다 더 심각한 위기를 맞이할 것이라는 직감도 온다.

바이든 대통령이 합리적인 프로세스를 바탕으로 다자외교를 펼칠 것이라고 예상하는 이들도 있지만, 사실 중국의 입장에서는 그나마 어떻게든 '네고'가 되었던 트럼프가 더 쉬운 상대가 아니었을까? 필자가 외교 전문가는 아니지만 미국이 다자외교를 내세우면서 중국을 전 세계의 '왕따'로 만들기 용이해졌다고 본다. 트럼프 시대는 철저한 양자외교였다. 즉 중국은 미국만을 상대하면 되었다. G2라는 프레임이 씌워졌으니 오히려 국격 향상이라는 프리미엄도 얻을 수 있었다. 하지만 바이든이 다자외교를 바탕으로 유럽, 중동, 아시아 등 우방과의 관계를 복원하는 순간, 중국은 이제 미국만이 아니라 전 세계와 맞서야 한다. 중국이 2020년 말 유럽연

합과 왜 투자협정을 서둘러 맺었는지 고민해보면 답이 나오지 않을까.

세 번째 근거: 대체재의 부재

마지막으로 달러는 대체재가 없다. 정확히 말하면 아직까지 '통화'의 지위를 가진 비교 대상에서는 대체제가 없다(암호화폐에 대한 부분은 차치하겠다. 다만 현재까지 상황을 보면 암호화폐도 달러로 가치가 측정된다는 점만 알아두자). 보통 유동 규모를 기반으로 통화 인덱스를 측정하는데, 달러에 가장 큰 영향을 주는 화폐는 2020년 말 기준으로 유로화다. 그렇다면 유로화가 대체재로 부상해야 달러의 지위를 위협할 수 있는데, 유럽은 코로나19 사태에서도 봤듯이 정말 한 목소리를 내기가 매우 힘든 집단이다. 연신 퍼주기(?) 바쁜 독일과 프랑스를 필두로, 베짱이 같은 스페인과 이탈리아 등 26개국이 모여 있기 때문에 이해관계가 너무 복잡하다. 다양한 의견을 모으는 절차도 매우 지지부진하기 짝이 없다.

힘을 하나로 규합하기 위해서는 프랑스와 독일이 스스로 주축이 되어야 하는데 이마저도 녹록하지 않다. 내부적으로 국민들의 눈치를 봐야 하기 때문이다. 그간 나름 형 노릇을 하던 영국이 2020년 말 EU를 빠져나가면서 유로화에 악재로 작용했다. 파운드가 독자적인 노선을 걷게 되었기 때문이다. 이런 여러 가지 이유로 앞으로도 유로화가 달러의 지위를 노리기란 쉽지 않아 보인다. 다시 한번 강조하지만 기축통화국은 국력이 견고하고, 안정적이며, 신뢰성이 있어야 한다. 그런 측면에서 유럽은 연일 유로화의 점수를 깎아 먹고 있다.

결론은 이렇다. 달러의 지위는 날이 갈수록 견고해질 것이며, 혹 일시적으로 약해진다고 하더라도 미국은 다 계획이 있다고 보는 게 맞다.

혁신을 따라
돈이 흐른다

이론경제학자 조지프 슘페터(Joseph Schumpeter)는 그의 저서 『자본주의 사회주의 민주주의』에서 자본주의 국가가 가진 부의 원천을 끊임없는 혁신과 창조적인 파괴로 규정했다. 혁신과 창조적인 파괴가 발명품을 만들어내고, 그 발명품을 잘 활용할수록 부가 축적된다는 것이다. 다만 혁신의 칼날이 무뎌지면 결국 자본주의는 무너진다고도 언급했다. 이 슘페터의 이론에 100% 동의하는 것은 아니지만 발전이 혁신에서 비롯된다는 의견에는 공감한다. 혁신으로 현대의 미국이 세계 경제에서 중추적인 역할을 하는 이유를 설명할 수 있으며, 혁신을 앞으로의 시장을 통찰하는 지표로 삼을 수 있다.

앞서가는 서학개미를 위한 해외주식 투자지도

📊
혁신이
시장을 바꾼다

2016년 다보스포럼은 제4차 산업혁명을 선언하는 자리였다. 이제껏 산업혁명이 후행적 명명, 즉 시기가 지난 뒤에 정의되었다면 제4차 산업혁명은 선행적으로 명명되었다는 점에서 차이점을 보였다. 슘페터의 관점에서 보면 국가의 부를 축적할 수 있는 절호의 기회가 다가오고 있다고 이례적으로 선언한 것이다. 그래서 이에 따른 준비를 할 필요가 있다. 왜냐하면 이번 산업혁명을 선도하는 국가가 다음 세대의 주인공이 될 수 있기 때문이다. 필자는 미국이 이번 산업혁명에서 매우 유리하다고 생각한다. 아직까지 미국만큼 준비가 잘된 국가가 없고, 다른 나라가 지금부터 아무리 잘 준비한다고 해도 쉽게 따라잡지 못할 것이기 때문이다.

1980년대 초기 글로벌 경제 테마를 장악했던 레이거노믹스(reaganomics)는 우리에게 매우 익숙하다.* 1973년과 1979년에 일어난 2번의 오일쇼크로 미국은 경기 침체와 물가 상승이 동시에

---

* 레이거노믹스는 미국 제40대 대통령 로널드 레이건(Ronald Reagan)에 의해 추진된 정책으로 '레이건'과 '이코노믹스'의 복합어다. 세출 삭감, 소득세 감세, 기업 규제 완화 등으로 요약된다.

나타나는 스태그플레이션을 겪었다. 미국 경제의 상흔을 수습하기 위해 당시 공화당 정부는 기업의 법인세와 고소득자, 부자의 소득세를 대폭 인하해 경제 활성화를 유도한다. 문재인 정부 이전의 10년과 매우 유사해 보인다. 하지만 당시 레이건 정부는 이에 그치지 않고 경제에서 기업의 역할을 높이 평가하며 '기업가 정신(entrepreneurship)'을 강조했다. 더불어 청년 창업과 벤처 창업을 장려했다.

어려운 경제 상황을 타개하기 위해 기업이 해결할 수 없는 문제를 정부가 간접적으로 풀어주려는 의도가 다분했다고 볼 수 있다. 어찌되었든 결과적으로 미국은 경제 위기 속에서도 젊은이들이 꿈과 희망을 펼칠 수 있는 토대를 마련했다. 필자는 현재의 페이스북, 애플, 아마존, 넷플릭스, 구글 등이 바로 이러한 토대 위에서 끊임없는 혁신을 거듭해 성공할 수 있었다고 생각한다. 위기 속에서도 세계 최고의 '벤처군단'을 육성한 것이다. 혁신과 기업가 정신의 개념이 만나 실리콘밸리가 만들어지고, 제4차 산업혁명에 대처할 수 있는 체제가 구축되었다.

미국이 레이거노믹스와 끊임없는 혁신으로 위기와 변화에 잘 대비해왔다고 하더라도, 이러한 혁신의 토대가 일상과 동떨어져 있다면 제4차 산업혁명까지 선도할 수는 없을 것이다. 어느 날 갑자기 "이제 새로운 산업혁명이 시작될 거야!"라고 떠든다고 해서 변화가 바로 이루어지는 것도 아니고, 새로운 아이디어를 반영한

제품을 생산해낸다고 해서 사용자나 일반인이 그대로 받아들일 수도 없는 노릇이다. 결국 가랑비에 옷 젖듯이 일련의 변화가 자연스럽게 일상에 스며들어야 한다. 우리가 실리콘밸리에서 탄생한 윈도우, 워드, 엑셀, 아이폰, 구글 등이 없는 인생을 상상할 수 없듯이 변화도 이렇게 일상에서부터 시작되어야 한다.

전 세계인이 아마존을 통한 '직구'에 익숙해져 있는 것처럼 우리는 이미 글로벌 기업이 만든 산물을 통해 제4차 산업혁명을 자연스럽게 받아들일 준비가 되어 있다. 하지만 반대로 말하면 미국의 청년들이 만들어낸 혁신이 우리의 삶을 이끌고 영위하고 있다는 의미도 된다. 앞으로 다가올 제4차 산업혁명 시대를 잘 대비한다면 그들과 함께 나아갈 수도 있겠지만, 수동적으로 그것을 받아들이기만 한다면 그들이 앞서간 길을 따라가기만 하게 될 것이다.

📈
혁신의 흐름을
읽으면 시장이 보인다

더 놀라운 것은 우리가 알고 있는 미국의 IT 기술이 빙산의 일각이란 점이다. 전통적으로 '발견'의 영역으로 여겨졌던 오일(기름)에서도 미국의 혁신이 손을 뻗쳤다. 바로 셰일오일이다. 유가는 우리 경제에 큰 영향을 미치는 중요한 요인이다. 중동 산유국을 중심으로 설립된 OPEC을 기반으로 참여국들이 오일 생산량을 결정하고 있지만, 과거와 달리 현재는 그들에 의해 일방적으로 원유 가격의 등락이 결정되지 않는다. OPEC이 원유 가격을 결정했던 건 우리 앞세대 시절의 이야기다. OPEC의 영향력이 감소한 이유는 늘어난 변수 때문이기도 하지만 셰일오일 생산량이 결정적이었다.

이제 시장의 흐름을 파악하려면 셰일오일 채굴을 위한 파이프라인을 주시하고, 미국의 원유재고 발표를 주간 단위로 챙겨 봐야 하는 시대가 되었다. 어디 그뿐인가? 유가는 본래 물건의 원가에 미치는 영향이 지대해 금리를 좌우하는 인플레이션과도 상관관계가 높다. 결국 미국 기업이 이번 주에 텍사스 사막 한가운데에 파이프를 몇 개 꽂았느냐가 앞으로의 인플레이션을 좌우하는 열쇠가 된 셈이다.

참고로 미국은 전 세계에서 셰일오일이 가장 많이 매장된 국가다. 미국 다음으로 중국에 셰일오일이 많다는 기사를 쉽게 볼 수 있을 것이다. 그럼 중국도 셰일오일을 꺼내 중동과 미국의 원유 전쟁에 끼어들면 될 일이다. 하지만 중국은 그러지 못한다. 탄소 배출 저감과 신재생 에너지 투자 등의 환경 개선을 위한다는 명분을 내세워 셰일오일에 이제 관심이 없는 것처럼 보이지만, 실상은 '안 하는 것'이 아니라 '못하는 것'이라고 본다. 셰일오일은 하루아침에 발견되어 세상에 선보여진 것이 아니다. 미국 지질학자들은 아주 오래전부터 셰일이라는 바위에 기름이 존재한다는 사실을 알았다. 하지만 기술이 발전하지 못해 기존의 방식으로는 채산성이 맞지 않았고, 그래서 미국은 1980년대부터 셰일오일 채굴 방법을 개발해 2008년이 되어서야 기술력을 완성 단계까지 끌어올릴 수 있었다. 중국이 혁신을 거듭한다고 해도 단기간 내에 자국에 적용할 수 있는 셰일오일 채굴 방법을 터득하기란 쉽지 않을 것이다.*

필자가 미국에서 공부할 때 재무 교수님께서는 "경영에서는 S자 곡선의 우상향이 가장 으뜸"이라는 말씀을 하셨다. 가만히 보면 시장 참여자들은 주식 차트도 그렇고 기업의 매출도 그렇고 S자 곡선을 그리며 상승할 때 매우 설레고는 한다. S자에서는 정체기와 상승기가 연이어 나타나는데, 주로 기술의 발전이나 프로세스 개선 등의 혁신이 상승의 원인이 된다. 세계 금융 시장이 S자 곡선의 우상향을 기대하고 있는 작금의 상황에서 만일 제4차 산업혁명이 핵심 상승 동력이라면 앞으로의 시장은 어떻게 움직일까? IT 기업으로 중무장한 채 셰일오일이라는 무기까지 만들어 전통적인 원자재 시장을 좌지우지하는 미국의 행보가 무서울 따름이다. 바이든 정부의 신재생 에너지 정책까지 고려하면 그 기세가 앞으로 얼마나 위협적일지 상상이 가지 않는다.

---

* 물 부족 국가인 중국이 현대의 셰일오일 채굴 방법인 '수압 파쇄법'을 적용하기란 쉽지 않아 보인다.

과연 앞으로
인플레이션이 올까?

국가가 아무 때나 돈을 풀지 않는 이유는 인플레이션에 대한 우려 때문이다. 인플레이션이란 쉽게 말하면 물가 상승을 의미한다. 물가가 상승한다는 것은 소비의 대상인 물품, 재화, 인건비 등의 지속적인 가격 상승과 통화 가치와 구매력 하락을 의미한다. 인플레이션은 소비 둔화로 이어져 경제 상승에 큰 걸림돌이 되기 때문에 각국 정부는 이를 매우 철저히 대비할 수밖에 없다. 특히 자국 내 소비가 경제의 높은 비중을 차지하는 국가가 인플레이션 여부에 촉각을 곤두세운다. 대다수의 국가들이 소비와 수출이 부진한 침체기에 과감한 경기부양책을 내놓지 못하는 이유가 여기에 있다. 언제나 '적정 인플레이션'을 고려해야 하기 때문이다.

📈
인플레이션
불가론

하지만 이러한 양상은 일본의 잃어버린 20년과 2008년 글로벌 금융위기 이후 달라졌다. 돈이 풀려도 인플레이션이 유발되지 않을 수 있다는 주장이 대두된 것이다. 잃어버린 1980~1990년대를 보낸 일본과 2010년대의 글로벌 시장을 떠올려보자. 각종 정책으로 천문학적인 돈을 시장에 풀었는데 인플레이션 수준은 2%가량에 불과했다. '자산 가격의 상승'과 '물가의 상승'을 따로 구분할 필요가 있다는 주장에 힘을 실리는 대목이다. 예를 들어 아파트 가격은 자고 나면 1억 원씩 뛰고, 몇만 원 하던 주가는 수십만 원을 상회하는데 월급은 오르지 않는 상황을 떠올리면 이해가 쉬울 것이다.

2008년 초부터 2020년 말까지 S&P500 가격지수(배당 제외)는 연준 대차대초표의 상승에 힘입어 250%나 상승했다. 같은 기간 미국의 소비자물가지수는 23% 상승해 S&P500 가격지수와 비교하면 상승폭이 매우 미미한 수준이다.[•]

이런 상황을 반영하듯 일부 정책론자들은 현대통화이론(MMT;

[•] 소비자물가지수는 총액 기준으로 계절조정을 했다. 계절조정이란 통계를 낼 때 계절 변화에 따른 변수를 없애는 것이다.

글로벌 금융위기

코로나 19 ━━▶

▶ S&P500(붉은색), 미국 소비자물가지수(초록색), 연준 대차조표(검은색) 추이 그래프

Modern Monetary Theory)에 무게를 실었다. 현대통화이론, 즉 MMT란 국가가 경기 부양을 위해 화폐를 계속 발행해도 된다는 이론이다. 물론 심각한 인플레이션이 없다는 전제는 있다. 현대통화이론에 찬성하는 이들은 재정 지출이 세수를 초과해서는 안 된다는 기존의 관념을 넘어, 정부가 정부의 권한으로 화폐를 발행해 필요 시 사용해야 한다고 주장한다. MMT 주장론자들은 화폐의 근원이 시장이 아닌 국가임을 주장하는 증표주의(국정화폐론)에 무게를 두기 때문에 화폐 발행과 사용이 전적으로 정부의 권한이라고 보는 경향이 있다. 그들은 화폐론을 주장하던 기존 경제학자들의 관념을 깨고, 화폐와 세금의 깊은 상관관계를 주장한다. 즉 화폐 발행과 사용이 정부 정책에 기반해야 한다는 생각이다. 이로 유발

된 적자 재정은 고용을 통한 경제 부양 및 그에 따른 세수 확대로 조절하면 된다는 것이다.

실제로 2009년부터 시작한 양적완화가 자산 가격 상승에 중대한 영향을 미쳤지만, 양적완화로 풀린 돈이 인플레이션을 야기하지는 않았다. 제도권 금융사가 우량한 기업들과 개인들을 중심으로 유통시킨 돈이 부의 축적의 레버리지 역할을 한다는 주장이 확인되면서, 저금리 기조가 유지될 수밖에 없는 작금의 현실에서는 MMT가 유일한 대안이라고 주장하는 이들이 늘고 있다.

이러한 주장에 대해 세계에서 가장 큰 자산운용사 블랙록의 회장 래리 핑크(Laurence Fink)는 '쓰레기'라는 표현까지 써가면서 비난했지만, MMT가 힘을 받는 이유는 우리가 '돈을 풀어도 절대 오르지 않는 물가의 시대'를 살아가고 있기 때문이다.[*] 분명한 것은 이것이 몇 차례 큰 위기를 겪으면서 기업과 개인이 '마른 수건 짜기' 트렌드를 형성한 결과라는 점이다.

제3차 산업혁명, 즉 정보화 사회에서는 유저가 서로 정보를 교환하는 온라인 플랫폼 시대의 도래가 결정적인 역할을 했다. 페이스북, 트위터, 인스타그램, 카카오톡, 라인 등 커뮤니케이션 차원의 메신저를 넘어서 서로 정보를 교환하고 물건을 사고팔 수 있는 일

---

* 래리 핑크는 2019년 3월 블룸버그와의 인터뷰에서 MMT를 두고 공개적으로 "쓰레기"라는 코멘트를 남겼다.

종의 '시장'이 온라인에 형성되었고, 이를 중간에서 매개하던 기존의 '진짜 시장'을 대체하게 된다. 도매가 소매의 틈바구니에 끼어든 대형 유통업체와는 차원이 다른 흐름이 나타난 것이다. 정보가 공개되니 원가가 드러나고, 원가가 드러나니 유통이 간소화되고, 유통이 간소화되니 가격이 내려가면서 그동안 최종 소비자가 지불한 가격은 다이어트를 거듭할 수밖에 없는 구조가 되었다.

이러한 온라인 플랫폼은 '공유경제'라는 새로운 테마를 창출했는데, 이는 내구재 소비의 결정적 장애물이 되었다. 대표적으로 공유경제로 인해 자동차와 같이 소비의 '코어'에 해당하는 내구재 소비가 줄어들면서, 옷과 신발 등의 소비 부진과는 차원이 다른 이야기가 되었다. 소비가 줄어든 것이 아니라 소비의 발전 방향이 (소비자 측면에서) 합리적인 방향으로 발전된 것이다. 인플레이션 불가론(不可論)은 이에 따른 산출물로 나왔다고 본다.

귀추가 주목되는
미국의 선택

하지만 이런 생각도 해본다. 전 세계를 좌우하는 '소비' 국가에서 인플레이션 상승이 나타나지 않으면 마냥 좋은 것일까? 인플레이션이 없다는 건 가격 부담이 없어 소비가 는다는 뜻이다. 그럼 당연히 경제가 좋아지지 않을까?

2010년 이후 미국은 우리나라 돈으로 '경' 단위에 해당하는 돈을 직간접적으로 시장에 풀었다. 아무리 자산가치의 상승이 과해 소위 가진 사람만이 풍요를 누렸다고 하더라도, 미약하게나마 나타난 인플레이션 상승으로 인해 일반인들도 어느 정도 누린 혜택이 있을 것이다. 2013년부터 2016년까지는 달러 강세 시대였다. 그도 그럴 것이 양적완화로 조금이나마 살림살이가 나아지자 연준은 테이퍼링(tapering)과 금리 인상을 준비했고, 덕분에 전 세계 달러는 미국으로 빨려 들어갔다.* 우리 시대의 무위험자산, 미국 채권에 돈을 넣지 않을 투자자는 없었다. 미국 채권을 사려면 로컬 통화를 달러로 바꿔야 했고, 이에 따라 달러는 강세의 흐름을 이어갔다. 결국 강달러, 인플레이션, 자산가치 상승은 '번들'이었다.

번들 효과로 강달러가 이어지면서 로컬 통화의 가치는 낮아져 상대국 수출품에 대한 매출이 높아졌다. 그럼 미국과 무역을 하던 신흥국의 살림살이가 나아졌을까? 이는 일부는 맞고 일부는 틀린 이야기다. 자영업자들이 먹고 살기 위해 어쩔 수 없이 자본가들에게 대출을 받듯이 신흥국들도 미국으로부터 부채를 지게 되는데, 강달러로 그 부채의 규모가 덩달아 커졌기 때문이다. 반대로 미국

---

* 테이퍼링이란 출구 전략의 일종으로, 연준이 양적완화 정책의 규모를 점진적으로 축소해나가는 것을 의미한다.

을 비롯해 선진국들의 부채는 보는 관점에 따라 다를 수 있지만 자산 가치의 상승 및 인플레이션 덕분에 부담이 줄어들었다. 쉽게 말해 경제가 나아지고 월급이 올라가면 매월 갚을 수 있는 대출금의 여력이 상승하는 맥락이다. 만약 다른 통화의 부채가 있다면 그 효과는 배가 된다.

이러한 번들 효과로 미국은 수입 물가 하락과 소비력 증진이라는 혜택을 얻게 된다. 즉 시장의 자금 순환이 원활해지면서 미국의 살림살이가 더욱 윤택해진 것이다. 거기에 2015년, 2016년 유가 하락은 더욱 큰 촉매제가 되었다. 결국 미국이 인플레이션의 부재를 경험한 것이 아니라, 인플레이션과 함께 부채를 타국에 수출했다고 보는 편이 맞지 않을까?

이후 코로나19 사태로 전 세계가 유래 없이 깊은 침체기에 접어들었다. 2019년 중반까지만 해도 살림살이가 나아져 '금리 인상기'에 접어든 미국의 경제는 한순간에 무너져 내렸고, 다른 나라들도 모두 셧다운을 경험하며 암흑기에 접어든다. 이를 타계하기 위해 각국의 중앙은행은 앞다투어 돈을 풀었고, 자연스럽게 국가의 부채가 높아지면서 후대에 빚을 물려주게 생겼다. 과도하게 자산 가격이 상승하면서 양극화가 더욱 심화될 것이라는 주장에도 설득력이 실린다. 거기에 인플레이션, 특히 성장이 없는 스태그플레이션에 대한 주장도 나오고 있다. 물론 스태그플레이션보다 물가가 장기간 하락하는 디플레이션에 대한 걱정을 먼저 해야 한다는 의

앞서가는 서학개미를 위한 해외주식 투자지도

견도 있다.

　전 세계를 움직이는 미국의 선택에 귀추가 주목된다. 미국이 과연 인플레이션을 두려워 할지, 아니면 예전처럼 난제 해결을 위해 다시 한번 번들 효과를 적절히 활용할지 생각해보자. 글로벌 시장의 리더인 미국의 결정에 대응하는 것이 나머지 국가들의 첫 번째 고려사항이기 때문이다. 개인적으로 10년 전 침체기에서 빠져나온 그 '로직'을 미국이 다시 한번 활용할 가능성이 높다는 점에 무게를 두고 싶다.

- 자산배분의 황금 비율
- 블루오션을 통찰하는 눈
- 초과수익에 도움이 되는 환율

2장

현명한 투자자를
위한 조언

자산배분의
황금 비율

필자는 펀드매니저, 은행과 증권사의 PB, 연기금 운용역 등 '남의 돈 벌어주는 일'을 하는 사람들이 자본주의 시대에 가장 좋은 일을 하는 사람들이라고 자부한다. 개인에게 돈 자체가 목적이 되어서는 안 되겠지만 돈이 꿈을 이룰 수 있게 해주는 중요한 매개체이자, 오늘을 사는 '행복'을 뒷받침해주는 요인임을 부인할 수 없을 것이다. 세속적인 관점에서 돈은 사회적 지위를 갖게 해주기도 하고, 남에게 체면을 세울 수 있는 쉬운 수단을 제공하기도 한다. 즉 사람에게 꼭 없어서는 안 될, 사람답게 살 수 있도록 하는 '신묘한' 물건이다. 따라서 남의 인생에서 그토록 중요한 역할을 하는 돈을 대신 벌어주는 성실한 증권맨과 펀드매니저가 필자는 생명을 살리는 의사만큼이나 고귀한 직업이라고 생각한다.

　　필자는 남의 돈을 벌어주는 고귀한 직업의 종사자들이 보다 현명하고, 책임감 있고, 더 나아가 두고두고 존경을 받았으면 하는 바람이다. 당연한 이야기지만 내 돈이 아니라 남의 돈이기 때문에 운을 기대하거나 요행을 바라는 일은 절대 없어야 하며, 철저한 원칙에 입각해 '가능성' 제고의 프로세스를 밟아가는 프로 정신이 꼭 필요하다. 투자를 업으로 삼은 '쟁이'들뿐만 아니라 개인투자자도 마찬가지다. 우리가 지난 세월을 불태워 창출한 가치가 '돈'이라면, 그 돈을 미래를 풍요롭게 하는 디딤돌로 활용하는 것이 시간에 대한 예의라고 생각한다.

📈
웰스 매니지먼트의
지상 과제

'웰스 매니지먼트(wealth management)'의 영역은 단지 이번 여름 휴가비를 버는 차원의 단기적인 시야로 접근해서는 이룰 수 없다. 3모작, 4모작을 염두에 둔 '도박'이 되어서도 안 된다.*

---

* 운용하는 돈을 1년에 3번 회전하는 것을 3모작이라고 한다. 보통 고객의 수익률과 상관없이 매매를 많이 할수록 수수료 수입이 많아진다.

필자는 웰스 매니지먼트의 지상 과제가 자산배분이어야 한다고 본다. 업계에서 수년째 이 이야기를 하고 있지만 자산배분이라는 단어만큼 고리타분하면서도 어려운 단어는 없다. 『해외 주식투자의 정석』에서 자산배분에 대한 이해를 돕기 위해 핵심자산(core asset)과 위성자산(satellite asset)이라는 단어를 사용하며 포트폴리오 구조를 언급했지만, 오히려 자산배분이 더 어려워졌다는 피드백을 받곤 했다. 그럼에도 불구하고 필자는 전 국민이 자산배분을 해야 한다는 목표를 꼭 이루고 싶다. 그 목표를 이뤄 투자자들 스스로가 평생 투자의 발판을 마련하도록 도움을 주고 싶다.

사실 스스로 자산배분에 대한 합리적인 원칙만 세울 수 있다면 블랙-리터만 모형과 같은 복잡하고 전문적인 방법은 쓸 필요가 없다. 나름의 시장 분석을 바탕으로 투자자산을 선정하고, 상관관계가 낮은 자산에 합리적으로 투자하면 된다(2부 2장 '앱솔루트 리턴 전략'에서 언급한 '자산 간의 상관계수'를 참고하자).

예를 들어 우리는 주식에서 자본 차익과 배당을 추구하고, 채권에서 이자 수익과 자본 차익을 추구한다. 원칙적으로 채권의 금리가 상승할 때는 경기가 좋아 보통 시장의 분위기가 위험선호시장(risk on)에 접어들어 주가가 상승하고, 채권 가격은 금리 상승에 따라 하락한다. 주가가 상승하면서 주식에선 자본 차익과 배당 수익을 기대하고, 채권에서는 이자 수익을 기대한다. 하지만 반대로 금리가 하락할 때는 보통 시장의 분위기가 위험회피시장(risk off)

앞서가는 서학개미를 위한 해외주식 투자지도

인 경우가 많다. 경기가 좋지 않으니 정책적으로 금리를 낮추고 시장에 유동성을 공급하게 되는데, 이에 따라 주식의 변동성은 확대되고 채권으로 자금이 쏠린다. 주식에서는 배당 수익이 매력적이고, 채권에서는 몰려드는 수요 탓에 이자 수익 외에도 자본 차익까지 기대해볼 수 있다. 물론 정책이 적시에 그리고 예상보다 강하게 나올 경우 주식이 더 상승해 자산배분이 무용지물이 되기도 한다.

📈 주식과 채권의 황금 비율

주식과 채권이 지닌 정말 단순한 특성만 제대로 인지한다면 '주식과 채권을 포트폴리오에 섞어 놓으면 절대 깨먹지는 않겠다.' 하는 느낌이 올 것이다. 한 방향으로 움직이는 자산들만 조합한 게 아니라면, 결국 자산의 움직임은 '금리'의 방향이 결정 짓는다는 사실도 깨닫게 될 것이다. 상관관계가 낮은 자산끼리, 그리고 시장 환경에 따라 자산들 방향을 좌우하는 '지표'를 기준으로 바구니에 나누어 담기만 하면 된다.

다른 자산들도 살펴보자. 강남 아파트만큼이나 인기 있는 글로벌 리츠는 어떠한가? 주식이 상승할 때 리츠도 상승하는가? 그럼 금리가 오를 때가 보통 경기가 좋으니, 금리가 올라갈 때 리츠의 수익률도 좋다고 보는 것이 맞을까? 하지만 금리가 올라간다면 군이 리츠에 투자해서 이자 수익을 기대할 필요가 없다. 은행이나 채권에 투자해도 이자 수익을 기대할 수 있기 때문이다. 그럼 글로벌 상장 인프라는 어떠한가? 우리나라로 따지면 각국에 존재하는 한국전력, KT, 한국가스공사와 같은 기업에 투자하는 것이다. 부도 위험이 낮고 배당이 일반 기업들보다 상대적으로 높다는 장점은 있다. 그런데 이러한 기업들은 따박따박 이자를 주는 채권과 같은 성격을 갖고 있어 일반 주식과는 상관관계가 낮고 오히려 채권과 상관관계가 높아 보인다.

자산배분은 '그냥 나눠 담는 것' '거기서 거기인 밋밋한 상품을 모으는 것'이 아니다. 이러한 자산 간의 특성을 모두 고려한 포트폴리오의 종합 예술이자, 시장을 빠삭하게 아는 사람이 자산들의 특성을 세밀히 파악해 이들의 조합이 나타낼 결과를 예상해서 만드는 운용의 '끝판왕'이다. 그렇기 때문에 자산배분을 잘하면 시장의 변동성을 확실히 줄여 투자 자체의 안정성을 높일 수 있다. 그래서 자산배분이란 이야기를 꺼내면 고리타분하다고 느끼는 것이 아니라, 다이내믹하고 어렵고 긴장감 있는 '쫄깃한' 이야기라고 생각해야 한다. 사실 개인적으로는 너무 어려워서 자산배분 상품을 운용할 때는 흰머리가 눈에 띄게 늘어날 정도다.

최근에는 전통적인 자산배분의 요소였던 주식, 채권, 원자재를 넘어서 리츠, 상장 인프라는 물론이고 전략적 자산배분까지 포트폴리오에 포함하는 추세다. 커버드콜 전략, 우선주 전략, 헤지펀드 전략까지 함께 곁들여 변동성을 낮추고 인컴을 키우는 다양한 노력들이 이뤄지고 있다. 자산의 상관관계가 이전보다 높아져 '배분'의 효과가 떨어지고 있어 나타난 방법들인데, 운용에 맞고 틀리다는 판단을 적용할 수 없듯이 필자 또한 이러한 노력에 동참하고 싶다. 앞으로는 이러한 자산들도 자산배분의 한 가지 방법으로 활용될 수 있다고 본다.

길게 돌아왔지만 결론은 이렇다. 그럼에도 불구하고 이런저런 자산들의 특성을 파악하기 어렵고, 시장에 대한 확신이 없다면 주식과 채권의 황금 비율 6:4를 잊지 않길 바란다.

블루오션을
통찰하는 눈

'새로운' '다음의'라는 단어는 투자의 영역을 떠나 모든 이에게 매력적인 화두다. 예를 들어 취업준비생이 '다음에 다가올 산업' '새로운 개념의 기술'을 필요로 하는 직업군에 들어간다면 희소성과 선점 효과에 따라 레드오션에 뛰어드는 것보다 여러 가지 면에서 효율적일지 모른다. 필자도 가끔씩 과거로 돌아가 구글에 취직했더라면, 수년 전 망하기 직전의 테슬라에 취직했더라면 어땠을지 상상해보곤 한다. 일찌감치 중국어를 영어보다 유창하게 했던 상사 시절 필자의 동기들은 주재원 생활도 다른 이들보다 길게 했고, 회사 내에서도 더 '잘'나가는 것 같다. 영어가 더 중요하다고 생각했던 사람들이 다 머쓱한 상황이다.

앞서가는 서학개미를 위한 해외주식 투자지도

이렇게 다음 세상을 예상하고 먼저 선점해 지키고 앉아 있을 수 있다면 좋겠지만, 당장 내일이 어떻게 될지도 모르는 상황에서 쉽지 않은 일이다. 특히 자본 시장에서 예상을 바탕으로 투자한다는 것은 '대응'이 우선이라는 명제에 어긋나는 일이므로, 운용의 영역에 그대로 적용하기 어렵다. 그래도 곰곰이 생각해보면 '새로운 세상' '다음에 다가올 산업'이란 게 어느 날 갑자기 나타나는 것은 아니라고 본다. 다 계획에 있었던 일이다. 즉 그 계획을 품고 달리는 기업, 그 계획을 정책으로 내세우는 국가에 발을 담그는 일도 '대응'이라고 볼 수 있지 않을까?

세상을 바꿀 블루오션, 클라우드와 반도체

돌이켜보면 이메일을 처음 쓰던 시절이 참 아쉽다. 한때 인터넷을 이용하는 이들이라면 누구나 다음(daum)의 이메일 계정을 갖고 있었다. 당시 정말 많은 기업이 다음 이메일 계정의 아성에 도전장을 내밀었지만, 이메일이라는 것은 그간 써왔던 정보가 다 그 안에 담겨 있기 때문에 '어지간해서는' 옮기기가 쉽지 않다. 차원이 다른 서비스가 필요하므로 해자(moat)가 매우 큰 산업이라고 인지해도 마땅하다. 따라서 어느 순간 네이버(naver)의 이메일 주소가 다음을 앞서기 시작했을 때, 그리고 한국에 구글의 지메일(gmail)이 보이기 시작했을 때 관련 기업 주식에 첫 발을 내디뎠다면 어땠을까 하는 아쉬움이 있다. 해자가 있는 산업에 진입한 신규 기업에 대한 투자라는 점만으로도 충분히 매력적인 '대응'이 아니었을까.

이러한 관점에서 최근에는 클라우드 서비스 산업에 매우 큰 관심이 간다. 고객의 정보를 보유하고 처리하는 회사의 전산 서버는 실로 어마어마한 규모다. 헤아릴 수 없는 개인정보 및 관련 거래내역 등이 담겨 있고, 서버는 이러한 정보의 통로이기 때문에 그 규모의 확장이 필연적이다. 즉 서버 관리 업무와 확장을 위한 투자는 회사의 미래와 직결되는 매우 중요한 의사 결정이다. 단순히 컴퓨터 하드드라이브와 램을 교체하는 수준이 아니란 뜻이다.

보안과 유지 보수에 꾸준히 비용이 소요되다 보니 자체적으로 물리적 서버를 구축하기 어려운 기업들은 가상의 클라우드 서버를 찾기 시작했다. 이러한 니즈를 발 빠르게 파악한 몇몇 기업들은 보다 정교하고 편리한 가상의 클라우드 서버를 만들어 제공했고, 자연스럽게 클라우드 산업 전반은 확대되기 시작했다. 아마존, 마이크로소프트, 구글(알파벳) 등 대형 기업이 투자 규모를 확대하면서 시장 규모가 증가하고 있다. 또한 코로나19 사태로 플랫폼 기업들에 대한 활용도가 높아지면서 서버 확대는 필연적인 요소가 되었고, 그에 따라 클라우드 관련 기업의 주가는 이미 많이 올랐다고 하는 주장이 무색하게 천장을 밀어 올리고 있다.

앞서가는 서학개미를 위한 해외주식 투자지도

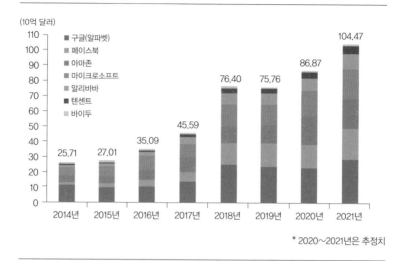

▶ 클라우드 서버 공급 상위 7개사 설비투자금액 수준

(10억 달러)

자료: 골드만삭스

* 2020~2021년은 추정치

    클라우드 산업이 성장하면서 수혜를 받는 산업이 있다. 바로
반도체 산업이다. 국내 주식 시장 시가총액의 절반이 반도체 관련
기업이기 때문에 우리에게 참으로 친숙한 산업이 아닐 수 없다. 이
중 반도체 산업의 선도 기업인 삼성전자는 설계부터 양산까지 모
두 가능한 종합반도체사(IDM; Integrated Device Manufacture)이자
파운드리(foundry)로서 점유율을 늘리고 있다.* 다방면에서 앞서가
다 보니 경쟁사들의 질투와 견제를 한몸에 받고 있는 실정이지만,

• 파운드리란 제조를 전담하는 생산 기업을 뜻한다.

이미 시장을 선점했기 때문에 글로벌 고객들이 삼성전자를 떠날 수 없는 상황이 되었다. 반도체 판매 세계 1위 인텔이 7나노 생산을 6개월 연기하는 등 IDM의 영역을 일부 포기하는 모습을 보이면서 2020년 7월 주가가 폭락한 반면, 삼성전자는 외국인 수급을 기반으로 상승하는 모습을 보였다. 물론 2021년 1월 8일 삼성전자가 7%를 상회하는 역사적인 급등을 거듭하면서 이러한 의미 있는 상승은 미미한 수준으로 치부되어버렸다.

설사 인텔이 삼성 파운드리 사업부에 양산 발주를 주는 일이 내키지 않는다고 하더라도, 마냥 TSMC에 모든 물량을 밀어주기는 벅찰 것이다. 결국 2021년 1월 초 블룸버그 통신은 삼성과 인텔의 협업 가능성 소식을 보도했다. 어디 인텔뿐이겠는가? 반도체 시장의 60% 이상을 차지하는 시스템 반도체가 5G 세상과 접목되면서 앞으로는 그 영향력이 더욱 확대될 것으로 보인다. 삼성전자 파운드리 사업부와 인텔의 협력은 여러 긍정적 이벤트 중 하나라고 해도 과언이 아니다.

국가 단위로 투자의 관점을 옮겨보자. 각국이 이제 막 클라우드 산업에 시동을 걸고 출발하는 상황에서 코로나19가 터졌고, 경쟁 기업들의 관련 투자가 부진해지면서 이것이 삼성전자에게 호재로 작용했다. 앞으로 클라우드 산업이 각광을 받는 한 삼성전자와 관련주, 더 나아가 자산배분 관점에서 한국에 대한 투자 비중도 늘릴 여지가 있다. TSMC를 보유한 대만은 말할 것도 없다. 중국 또한 알리바바, 텐센트, 징동의 클라우드 산업이 확대되면서 반도체에 대한 니즈가 커지고 있다. 미국과의 마찰이 지속된다면 푸젠진화, SMIC 등의 기업에 대한 우려가 커질 수 있지만, 중국 내 수요만으로도 이들 기업에 대한 투자 역시 긍정적으로 검토해볼 만하다.

개인적으로는 그렇게 기다리던 반도체 '슈퍼 사이클'이 드디어 도래했다는 생각을 한다. 실제로 반도체 물량 부족으로 글로벌 완성차 기업들이 자동차 생산을 축소한다는 발표를 내놓고 있고, '파운드리 풀가동' 등의 기사도 별로 놀랍지 않은 상황이다. 물론 최근 반도체 기업들의 설비투자 등을 근거로 주가 측면에서 상승 여력이 제한된다는 의견이 언론을 통해 보도되고는 있지만, 이는 다가올 제4차 산업혁명 시대의 '재료' 섹터 중심에 반도체가 있다는 사실을 인정하지 못한 결과라고 본다. 반도체는 IT 버블 이전 시대의 구리에 해당하는 산업의 '핵심 재료'다.

📈 새로운 블루오션을 창조한 전기차

클라우드, 반도체 이상으로 주목을 받는 비즈니스는 바로 전기차다. 전기차 이슈는 어제오늘 나온 사안은 아니다. 수십 년 전부터

실험을 거듭했지만, 필자의 기억으로는 내연기관과 전기 동력을 함께 활용하는 하이브리드가 상용화되면서 사람들이 관심을 갖기 시작했다. 이따금씩 치솟는 유가로부터 자유로울 수 있는 기회를 제공했기 때문이다(물론 초기에는 수소와 전기 사이에서 갈등이 있었다).

결정적으로 미국의 독보적인 전기차 생산 기업 테슬라가 혁신적인 배터리를 개발하고, 기가팩토리를 통한 배터리 양산에도 성공하면서 많은 이의 이목을 집중시켰다. 더불어 2020년 코로나19 사태로 인해 '친환경'에 대한 메시지가 확대되면서 전기차 시대도 한 걸음 더 가까워졌다.

10년 전인 2010년에만 해도 전기차는 전 세계에 1만 7천 대에 불과했다. 하지만 현재는 2019년 말 기준으로 720만 대에 달하며 폭발적인 성장세를 기록했다. 또한 2016년 이후 연간 30% 수준의 판매 상승세를 기록하고 있다. 2019년 기준으로 200만 대가 넘게 팔렸는데, 이는 글로벌 자동차 판매의 2.6%(재고 기준 1%)에 달한다. 특히 400km가 넘는 주행거리를 자랑하는 테슬라 모델 3는 '탈만한 차' 반열에 들어섰다.

스스로 가보지 않은 나라나 모르는 분야에 대해서는 투자하지 않는다는 원칙이 있어서 청담동 테슬라 매장에 직접 가서 시승도 해보았지만, 사실 투자자의 입장에서 생각하는 전기차는 '혁신'의 테마가 더 강하다는 생각이다. 물론 블룸버그NEF의 발표대로 2040년 이전에 전기차가 내연기관차의 시장 점유율까지 따라잡을 수도 있고, 그에 따른 선제적인 투자일 수도 있다. 그러나 그보다는 수십 년간 길들여진 '익숙함'과의 이별이자, 미래를 경험하고 싶어 하는 '모험심'이 지금 전기차를 향한 관심의 원동력이라고 생각한다.

우리는 이미 아이폰의 등장으로 세상이 바뀌는 경험을 한 바 있다. 2010년 전후에 미리 혁신의 징후를 포착해 애플 주식을 샀다면 남부럽지 않은 수익률을 기록했을 것이다. 전기차의 양산을 보면서 2010년 전후의 애플을 떠올리며 새로운 블루오션을 놓칠지 모른다는 포모(FOMO; Fear Of Missing Out)를 본능적으로 느꼈을지도 모른다.* 즉 전기차에 투자하는 투자자들은 대부분 다른 세상에 대한 '모험과 도전'을 선택했다고 보는 편이 합리적이다.

실제로 2008년 글로벌 금융위기 전후로 미국의 S&P500 시가총액 1위 기업은 엑손모빌이었다. 셰일 혁명의 선두에 서서 2006년부터 2011년까지 미국 증시를 이끌어온 엑손모빌은 2012년 말을 기준으로 애플에게 시가총액 1위 자리를 내어주게 된다. 폭스콘과 함께 중국에 아이폰시티를 만든 지 2년 만의 일이다.** 필자는 아직도 2007년 1월 맥월드 컨퍼런스&엑스포에서 스

---

* 포모란 자신만 세상의 흐름을 놓치거나 소외되는 것에 대한 불안 증상을 뜻한다.
** 허난성 정저우 포스콘 공장단지에는 애플 아이폰의 조립, 생산공장이 중국 내 최대 규모로 밀집해 있다.

티브 잡스가 까만색 티셔츠와 청바지를 입고 나와 관중들의 환호성을 유도하던 모습을 생생이 기억한다. 전화기와 아이팟과 인터넷을 합쳐놓은 스마트폰을 단상의 와이드 스크린에 띄우면서 '리인벤티드(reinvented)', 즉 재창조했다는 그의 말에 수많은 관중이 탄성을 내뱉었다. 그 후 몇 년 안 되어 아이폰은 중국을 포함한 전 세계 시장을 석권했고, 1990년대 무너져가던 애플은 혁신의 아이콘으로 자리 잡았다.

애플의 혁신은 매킨토시와 마우스, 아이팟 등을 통해 계속 이어져왔지만 끝내는 스마트폰으로 결실을 맺었다. 이를 통해 지난 10년간 시장의 헤게모니 중심에 서 있었고, 지금도 그 중심에 공고히 서 있다. 10배 이상 상승한 주가가 말해주듯 그동안 애플은 혁신을 거듭하며 시대를 이끌었다.

테슬라도 비슷한 부분이 있다. 시대가 낳은 '천재'를 중심으로 블루오션에 뛰어든 것이 아니라 블루오션을 창조했다는 점에서 유사하다. 그리고 자율주행을 탑재해 자동차를 재창조하면서 10년 전의 두근거림을 떠올리게 한다. 운전자가 핸들을 놓게 되면 무슨 일이 벌어질까? 편의성을 넘어 이제 자동차의 공간이 새로운 생활의 무대가 된다. 영화를 볼 수도 있고, 잠을 잘 수도 있고, 미팅 장소로도 활용이 가능하다. 자동차의 개념이 달라지는 것이다. 오히려 '전기차'라는 단어는 우리에게 친숙하게 다가오기 위해 차용했을 뿐이라는 생각마저 든다. 많은 기업이 자율주행에 뛰어들었지

앞서가는 서학개미를 위한 해외주식 투자지도

만, 운행되는 각 차량에서 수많은 데이터를 규합해 업그레이드를 거듭하는 테슬라의 자율주행 시스템은 따라가지 못하리라고 본다.

중국을 기반으로 세계 시장을 적극적으로 공략하는 점도 흡사하다. 폭스콘과 협력함으로써 애플은 장저우에 아이폰시티를 만들어 공급망 생태계를 아시아로 확대했다. 중국 아이폰시티는 한국을 비롯한 아시아 스마트폰 부품 업체들의 수출 중심지가 되었으며, 중국 내 여러 혁신기업(샤오미, 오포, 비보, 화웨이 등)을 탄생시키는 원동력이 되었다. 이를 벤치마킹한 듯 테슬라 또한 상하이에 기가팩토리를 만들어 배터리 등을 중심으로 유사한 전략을 펴고 있다(한국의 LG화학이 테슬라의 주력 파트너인 것은 전 세계가 아는 사실이다). 2020년 상하이 기가팩토리에서 본격적으로 테슬라 모델3가 양산되었고, 2021년 테슬라 모델Y의 양산과 중국의 강력한 전기차 판매 유도 정책을 바탕으로 앞으로도 테슬라는 전기차 시장의 생태계를 쥐락펴락할 것으로 보인다.

최근 중국 정부는 2025년 판매되는 자동차의 20%를 전기차로 전환하겠다는 목표를 밝혔으며, 중국 상무부는 신에너지차를 구입하면 관련 번호판 제한을 면제해주고 혜택을 주는 방안을 강구하고 있다는 발표도 한 바 있다.[*] 이미 프리미엄 전기차 시장을

• 〈Global Times〉, 'Ministry of Commerce issues guidelines to boost NEV consumption'

(달러)

선도하고 있는 1등 기업 테슬라가 주요 정부 정책까지 등에 업게 되면서 혁신에 날개를 단 격이 되었다.

물론 2020년 7배 넘게 상승한 테슬라의 주가를 보며 거품이 끼었고, 이미 호재가 반영된 상황이라는 주장에도 일정 부분은 동의한다. 개인적으로는 테슬라의 주가가 앞으로 2021년 초보다 더 상승한다는 데 표를 주고 싶지만, 이보다는 애플이 10년간 헤게모니를 이끌었듯이 앞으로의 10년은 테슬라를 필두로 한 전기차 산업이 리드할 것이라는 점을 더 강조하고 싶다. 특정 기업의 주가를 예상하기보다는 보다 더 큰 관점에서 투자의 방향을 이해하는 것이 블루오션을 통찰하는 능력이라고 생각한다.

📈 신재생 에너지로
시야를 넓히자

팬데믹으로 인해 IT 일변도의 세상에서 클라우드, 반도체, 전기차로 그 시야를 확장할 수 있게 되었다. 여기에 블루오션에 하나를 더 추가하자면 장기 프로젝트지만 '신재생 에너지'도 눈여겨봐야 한다. 이번 초대형 재난을 겪으면서 인간이 세상을 살아내는 것이 아니라 세상 속에 인간이 있다는 관점이 널리 퍼졌기 때문이다. 실제로 각국에서 일제히 태양광, 풍력, 수력 등에 대한 정책이 쏟아지고 있어 이 또한 새로운 세상의 서막을 예고한다.

몇 가지 생각을 늘어놓았다고 해서 블루오션을 통찰 가능한 시야를 논할 수 있다고 생각하진 않는다. 크리스토퍼 콜럼버스 (Christopher Columbus)와 같은 모험심과 혜안이 있다면 더할 나위 없겠지만, 그런 적극성이 없더라도 그저 새로운 세상에 대한 호기심을 바탕으로 주변의 변화에 관심만 가져도 충분하다.

클라우드, 반도체, 전기차, 신재생 에너지 정도만 언급했지만 평소 무심코 지나쳤던 음식료, 주거 등 익숙한 재료도 눈여겨볼 필요가 있다. 세상이 어떻게 변하고 있는지 진지하게 고민하고 관찰한다면 분명 생각지도 못한 좋은 투자 아이디어가 떠오를 것이다.

▶ 장기 보유할 만한 블루오션 ETF(2021년 2월 12일 기준)

테마	티커	ETF 이름	시가총액 (백만 달러)	보수 (%)	1년 배당률 (%)	1년 변동성 (%)
5G	SKYY US EQUITY	First Trust Cloud Computing ETF	6,976.141	0.6	0.15	31.99
	CLOU US EQUITY	Global X Cloud Computing ETF	1,664.062	0.68	–	33.73
반도체	SMH US EQUITY	VanEck Vectors Semiconductor ETF	5,169.118	0.35	0.59	40.24
	SOXX US EQUITY	iShares PHLX Semiconductor ETF	6,033.761	0.46	0.70	41.36
전기차	LIT US EQUITY	Global X Lithium & Battery Tech ETF	3,131.168	0.75	0.35	42.56
	DRIV US EQUITY	Global X Autonomous & Electric Vehicles ETF	835.8879	0.68	0.25	35.04
신재생 에너지	ICLN US EQUITY	iShares Global Clean Energy ETF	6,817.178	0.46	0.15	39.98
	QCLN US EQUITY	First Trust NASDAQ Clean Edge Green Energy Index ETF	3,478.966	0.6	0.24	45.78
	TAN US EQUITY	Invesco Solar ETF	5,067.875	0.69	0.08	50.88
	FAN US EQUITY	First Trust Global Wind Energy ETF	491.9214	0.6	0.80	31.07
	PHO US EQUITY	Invesco Water Resources ETF	1,436.451	0.6	0.37	32.19

초과수익에
도움이 되는 환율

솔직히 필자는 환율에 대해서는 자신이 없다. 글로벌 투자를 업으로 삼고 있는 펀드매니저들 중에서도 환에 대한 감각이 뛰어난 선수들은 환트레이딩으로 재미를 보기도 한다. 예를 들어 원달러(USD/KRW) 환율이 상승할 때 환헤지 포지션을 청산해 환차익을 내고, 반대로 원화 환율이 강세일 때는 환헤지 포지션을 확대해 환손실을 최소화하는 식이다. 특히 채권매니저들이 그런 플레이를 잘하는데, 원달러(USD/KRW)뿐만 아니라 원유로(EUR/KRW), 원엔(JPY/KRW) 포지션에도 베팅을 탁월하게 하는 선수들이 있다. 필자는 환 전략에 있어서는 스스로 '너그러운' 포지션을 취한다. 보통은 고정된 헤지 비율을 유지하는 편이다. 그리고 환트레이딩을 연구할 시간에 스타일 전략을 공부하고, 지역 자산배분이나 종목 선정을 하는 편이다.

필자가 환트레이딩에 거리를 둔 이유는 환이야말로 정말 어려운 메커니즘을 바탕으로 움직인다는 사실을 오랜 경험에서 깨달았기 때문이다. 한때는 환으로 수익률의 대부분을 채웠던 적도 있지만, 순간 삐끗해서 오랫동안 쌓아온 수익을 며칠 만에 토해내면서 환율이 참으로 복잡한 녀석이라는 사실을 몸소 체험한 기억이 있다.

📈
환율을 움직이는
세 가지 특성

앞서 달러 이야기를 하면서 그 특성을 조금 언급했었는데 이번에는 좀 더 구체적으로 들어가보자. 사실 특정 국가의 통화와 통화 간의 관계를 나타내는 환율은 크게 세 가지 특성을 바탕으로 움직인다. 세세히는 더 많은 요소가 있겠지만 투자자의 입장에서 느낄 수 있는 요소는 크게 세 가지 정도라고 본다. 그러나 각각의 요소가 별도로 작용하는 것이 아니라 요소 간의 상관관계가 불규칙하게 서로에게 영향을 주기도 하므로, 생각보다 경우의 수가 훨씬 많다. 오해하지 말아야 할 건 경우의 수를 생각해서 베팅하라는 뜻은

앞서가는 서학개미를 위한 해외주식 투자지도

결코 아니라는 것이다. 해외주식에 투자한다는 의미는 결국 내 자산이 외화로 전 세계에 투자된다는 의미다. 그 상황에서 환율은 나와 자산을 이어주는 다리와 같은 존재이기 때문에 기본적인 부분은 알고 있어야 한다는 뜻이다.

1. 펀더멘털

우선 환율은 개별 국가의 펀더멘털을 반영한다. 국가의 체력이 강할수록, 국민들의 살림살이가 나아질수록, 추상적으로는 국가의 미래가 밝을수록 타국 대비 환율은 '강세'의 경향을 띈다. 국가가 잘 돌아가고 있다는 것은 소비나 수출을 통해 그 나라가 부강해지고 있다는 뜻이고, 다른 나라의 입장에서는 그 나라에 물건을 가져다 팔거나 그 나라에서 무언가를 해야 한다는 의미가 된다. 투자자는 자국의 통화를 팔고 해당 국가의 통화를 매수해야 하기 때문에 수요와 공급의 원리에 따라 수요가 늘어나게 되는 것이다. 그럼 잘사는 선진국 통화가 신흥국 대비 강세의 경향을 갖게 되는 걸까? 꼭 그런 것만은 아니다. 비교 기간에 따라 다를 수 있고, 상황에 따라 펀더멘털이 묻힐 수도 있다. 베테랑 챔피언이라도 바로 어제 경기를 마쳤다면 며칠 푹 쉰 신인과의 시합을 장담할 수 없는 것처럼 말이다.

2020년 달러는 원화 대비 무려 1년간 6% 하락했다. 연초 1,160원 수준이었던 환율이 연말에 1,085원으로 마감하면서 울고

▶ **원달러(USD/KRW) 환율 추이 그래프**

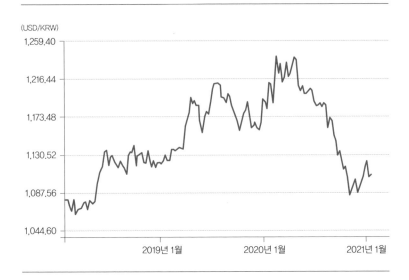

(USD/KRW)

1,259.40	
1,216.44	
1,173.48	
1,130.52	
1,087.56	
1,044.60	

2019년 1월 　　　2020년 1월 　　　2021년 1월

있는 한국 수출업체에게 뺨을 한 대 더 때린 셈이 되었다. 신흥국인 한국 대비 선진국인 미국의 달러 가치가 하락한 이유는 무엇일까? 미국이 부양책을 과감히 펼친 까닭에 시중에 달러가 많이 풀려서라는 의견도 있고, 한국이 코로나19에 잘 대응했기 때문이라는 시각도 있다. 모두 맞는 이야기지만 필자는 결국 미국의 성장이 한국의 성장보다 뒤떨어졌기 때문이라고 생각한다. 달러 약세, 원화 강세 기조는 한국이 상대적으로 코로나19 피해가 적은 까닭에 이후 턴어라운드의 체력이 더 좋을 것이고, 반도체 관련 유망한 기업이 많아 반도체 슈퍼 사이클에 유리한 고점을 선점했기 때문이라고 본다.

물론 미국이 유동성 확대 정책으로 성장률을 강하게 끌어올렸다고 인지되면 달러는 강세로 돌아설 수 있다. 그러나 유동성도 매우 중요한 요소인 건 맞지만, 그 유동성만으로 환율의 방향이 결정되는 것이 아니라 펀더멘털에 미치는 영향이 보다 중요하다고 보는 것이 합리적일 것이다.

2. 금리

다음으로 금리를 들 수 있다. 사실 금리는 첫 번째로 언급해도 될 만큼 중요한 요소다. 금리에 따른 자금 이동의 지식을 쉽게 풀어 설명하자면, 미국의 금리보다 한국의 금리가 높으면 미국 내 자금이 한국에 투자하기 위해 이동하게 된다. 즉 금리차는 피(被)투자 국가의 통화 강세를 불러일으키는 원인이 된다. 이론 선물환율을 구하는 공식을 보면 이해가 더 쉽다.

$$\text{이론 선물환율} = \text{현물환율} \times \frac{(1+\text{자국 통화 금리} \times \text{기간})}{(1+\text{상대국 통화 금리} \times \text{기간})}$$

그러나 여기서 한 가지 생각해볼 부분이 있다. 만약 한국의 금리가 높아 투자자가 있는 해당 국가의 금리와 차이가 난다고 하더라도, 그 차이가 한국이 가지고 있는 소버린리스크(채무 미상환 위험)나 전쟁 등의 국지적 리스크를 넘어설 수 있어야 한다. 부동산

버블로 가계부채가 터지기 직전이거나, 국경 도발 등의 전쟁 리스크가 상승하는 상황에서는 아무리 금리가 높고 기업들의 펀더멘털이 좋아도 환율은 강세로 가기 어렵다. 물론 달러는 앞서 언급한 대로 어떤 변수에도 안전자산의 성격을 발휘하지만 나머지 통화는 그렇지 않다. 특히 특별인출권(SDR; Special Drawing Rights) 구성통화 외의 화폐는 더더욱 그렇다. 따라서 금리는 '피투자국의 리스크를 고려한 금리'라고 명명하는 것이 합리적이라 본다.

3. 주요 통화와의 상관성

마지막으로 주요 통화와의 상관성이다. 무역과 투자 관계 등으로 여러 국가가 얽혀 있고, 특히 주요 선진국들의 화폐는 IMF에서 결제통화로 활용되고 있다. 특별인출권에 포함된 통화들의 상관성도 환율에 큰 영향을 미친다.

특별인출권에 속한 통화들의 추이를 잠시 살펴보자. 과거 마리오 드라기(Mario Draghi) ECB(유럽중앙은행) 총재가 "무슨 일이 있더라도(Whatever it takes)"라며 경기 부양에 대한 의지를 파격적으로 표현한 이래 유로화는 약세를 지속했다. 2014년 유로화가 레벨을 낮추면서 반대로 달러는 원치 않은(?) 강세로 돌아서게 된다. 달러란 누구나 원하는 통화이기 때문에 수요가 높아 본래 강세 기조가 있다 보니, 이런 상황이 오면 "얼씨구나!"라는 환호성을 지르며 상승하기 마련이다.

▶ SDR 편입 비중

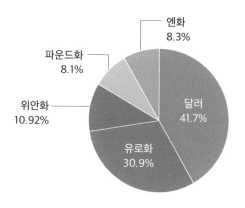

트럼프 취임 이후에도 인프라 정책 등 부양책에 대한 기대감으로 달러는 상승했고, 반대로 엔화가 유로화의 하락세에 동참했다. 물론 그 이전부터 2016년 6월 브렉시트로 파운드가 급락하면서 달러는 상승 탄력을 받고 있던 참이었다. 2017년 트럼프 전 대통령이 취임한 이후 법인세 인하 등의 정책과 금리 인상 기조에 찬물을 끼얹는 발언을 연일 내놓으면서 강세였던 달러는 본래의 자리로 돌아간다. 물론 이는 미·중 무역분쟁으로 위안화 및 기타 통화가 하락하고 달러가 강세로 돌아선 2018년 이전까지의 스토리다.

이처럼 환율은 너무나 많은 요소에 영향을 받아 그 움직임을 예측하기도, 성격을 정의하기도 어렵다. 특히 특정 통화의 움직임을 파악하기 위해서는 해당 국가의 상황뿐만 아니라 국제 정세, 특히 세계를 선도하는 국가들의 움직임을 살펴보아야 한다. 그래서 필자는 펀드 운용에 필요한 환전과 환헤지를 할 때면 마음을 비우는 경향이 있다.

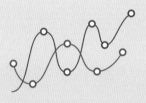

당신이 행복한 부자가
되길 바라며

시간이 갈수록 필자는 '사람이 돈을 버는 게 아니라 돈이 스스로 머무를 만한 사람을 고른다'는 생각이 선명해지는 것 같다. 투자를 업으로 하는 전문가라는 타이틀을 달고 그 무슨 나약한 소리냐고 지적할 독자도 분명 있겠으나, 이 업에 있으면서 느끼는 솔직한 심정이다.

끊임없는 노력으로 지식을 키우거나, 많은 현인과의 대화를 통해 안목을 높이거나, 부지런히 발품을 팔아 정보의 폭을 확장하는 등의 노력을 게을리하면 결국 나의 '그릇'은 과거에 머무를 것이다. 그리고 그 그릇이 내가 가진 부의 한계가 된다. 아무리 많은 돈을 벌어도 스스로의 그릇 사이즈가 작다면 그 좋은 기회는 잠시 머물다가 갈 뿐이다. 운이 실력이 되는 것은 두고 보면 알 수 있는 일이다. 다만 분명한 것은 운이 실력이 되지 못한 채 떠나게 되는 뒤안길은 매우 어둡다는 것이다. 이는 수많은 사례가 필자에게 남긴 가르침이다.

그래서 필자는 짧은 시간에 돈을 많이 번 사람들을 부러워하거나 대단하다 생각하지 않는다. 일확천금을 추구하지도 않는다. 그보다는 한 걸음 한 걸음 묵묵히 나아가는 사람에게 더 눈길이 가고, 돈을 벌었다고 하더라도 그 무거움을 알고 말을 아끼는 사람에게 호감이 생긴다. 하나라도 더 알아가려고 노력하는 사람을 가까이 하고 싶고, 아직 멀었다고 되뇌이는 사람의 곁에 머물고 싶다.

사실 투자는 확신의 싸움이다. 사는 것도 선택이요, 파는 것도 선택이다. 그리고 보유하는 결정도 중요한 선택이다. 모든 선택은 확신에서 나온다. 그리고 그 확신은 경험과 지식에서 나온다. 정보라고 오해하는 '확인되지 않은 사실'에 근거한 행동은 확신이 매우 낮은 결정이다. '느낌'만으로는 성공하기 어렵다. 더 최악인 것은 스스로 이조차 제대로 인지하지 못하는 것이다. 그렇게 되면 발전 가능성이 없다. 그릇을 키울 가능성조차 없다. 물론 사실에 기반한 투자 프로세스를 오랜 세월 공고히 거듭하다 보면 많은 정보 채널을 갖게 되고, 어느 순간에는 '느낌'이 더 정확해지는 예외의 경우도 생긴다.

동학개미 운동이 서학개미 운동으로 이어지는 모습을 보며, '2%'의 우물을 벗어나 강과 바다로 나아가는 사람들의 힘찬 시도를 보며 매우 흐뭇했다.* 드디어 놀이터에 가면 친구들이 많을 것이라는 생각에, 어릴 적 놀이터로 나가기 위해 신발장에서 신발을 꺼내며 가졌던 설레임을 다시 한번 느꼈다. 다만 친구들이 신발끈을 꽉 묶고, 긴 바지를 입어서 넘어져도 다치지 않았으면 좋겠다는 생각을 한다. 그리고 해가 질 때까지 어떻게 놀지 같이 고민했으면 좋겠다.

가끔씩 자산이 2배가 되고 3배가 되는 경험을 해야 성공의 발판을 마련할 수 있다고 말하는 사람들이 있다. 필자는 그 말에 첨

---

* 한국주식 시장은 글로벌 시장의 2% 비중에 불과하다.

앞서가는 서학개미를 위한 해외주식 투자지도

언하고 싶다. 자산이 2배가 되고 3배가 되는 경험도 중요하지만 본인의 그릇에 대한 끊임없는 자문으로 그 '무거움'을 느껴야 한다고. 다방면의 노력으로 그 무게감을 낮추는 과정이 수반되어야 한다고. 그게 바로 진정한 성공의 발판이다.

장황하고 두서없이 적어놓은 필자의 경험과 지식이 지도가 되어 친구들이 앞으로 느낄 부담감을 낮추는 데 도움이 되면 좋겠다. 그래서 친구들이 앞으로 바다에서 만날 파도를 넘고, 스스로 그릇을 최대한 키워 모두 '행복한 부자'가 되길 희망한다.

부록
___

주요 지수 및
지수 내 주식 정보

▶ MSCI ACWI의 구성

선진 주식 시장	MSCI World Index	신흥국 주식 시장	MSCI EM Index
미국	S&P500	중국	상해종합
	다우존스		심천종합
	나스닥		홍콩항셍(HSI)
	러셀2000		홍콩H(HSCEI)
일본	니케이225	한국	코스피
영국	FTSE100	대만	TWI
독일	닥스30	인도	센섹스
프랑스	카크40	베트남	VN
스위스	SMI	인도네시아	JCI

▶ MSCI 대표 지수(2020년 12월 31일 기준)

지수	주요 특징	종목 수	시가총액 (조 원)	PER (배)	ROE (%)	배당 수익률 (%)
MSCI ACWI	글로벌 주식 시장 대표 지수, 23개 선진국, 27개 신흥국으로 구성	2,982개	59,200	27.3	10.1	1.81
MSCI WORLD	23개 선진국 주식 포함 약 90% MSCI ACWI 동일 지역	1,585개	51,300	28.4	10.3	1.78
MSCI EM	중국, 한국, 러시아, 인도네시아 등 27개국 이머징 국가 산출	1,397개	7,900	21.7	9.2	1.97

*거래 규모 및 시가총액 등의 자료는 적용 환율 및 절사 등을 통해 일부 오류 가능

▶ 미국 대표 지수(2020년 12월 31일 기준)

국가	지수	주요 특징	종목 수	일일 거래 규모 (십억 원)	시가 총액 (조 원)	PER (배)	ROE (%)	배당 수익률 (%)
미국	다우존스	미국 본사 30개 대형 기업의 가치. 시가총액 산출이 아닌 주식 1주 가격의 합을 지수로 표현. 시가총액을 고려하지 않고 구성 종목 수가 적어 대표성에 대한 의구심	30개	15,650	10,500	25.9	16.0	1.95
	S&P500	뉴욕증권거래소, 나스닥 상장 500개 대형 기업 시가총액 기준 산출. 미국 주식 시장 대표 지수	505개	73,000	36,900	30.3	11.1	1.55
	나스닥	S&P500과 함께 미국 대표 지수. 전자 거래 방식을 도입했고, IT 업종과 커뮤니케이션 서비스 업종 비중 높음	2,931개	71,100	23,200	67.8	8.0	0.75
	러셀 2000	미국 대표 중소형주 지수	2,042개	12,900	3,400	23.2	–	1.20

*거래 규모 및 시가총액 등의 자료는 적용 환율 및 절사 등을 통해 일부 오류 가능

앞서가는 서학개미를 위한 해외주식 투자지도

▶ 유럽 대표 지수(2020년 12월 31일 기준)

국가	지수	주요 특징	종목 수	일일 거래 규모 (십억 원)	시가 총액 (조 원)	PER (배)	ROE (%)	배당 수익률 (%)
유럽	스톡스50	유럽 대표 우량주 50개(영국 제외)	50개	10,300	4,500	23.0	2.0	2
독일	닥스30	프랑크프루트증권거래소에 상장된 종목 중 블루칩 30개 종목의 시가총액 가중	30개	4,800	1,700	20.2	3.3	2.4
프랑스	카크40	유로넥스트 파리거래소에 상장된 40개 대형주로 구성. 유로넥스트에서 운용하는 ETF, 파생상품 등의 기초 지수로 사용	40개	4,230	2,430	30.0	3.0	1.9
영국	FTSE 100	런던증권거래소에 상장된 대형주 100개를 시가총액 가중으로 구성	101개	4,900	2,900	20.2	1.1	3.1

*거래 규모 및 시가총액 등의 자료는 적용 환율 및 절사 등을 통해 일부 오류 가능

▶ 중국/홍콩 대표 지수(2020년 12월 31일 기준)

국가	지수	주요 특징	종목 수	일일 거래 규모 (십억 원)	시가 총액 (조 원)	PER (배)	ROE (%)	배당 수익률 (%)
중국	상해종합	상하이증권거래소에 상장된 A주, B주를 시가총액 가중으로 나타낸 지수. 상하이증권거래소에는 혁신기업 등록을 위한 과창판 존재	1,535개	64,000	7,300	18.8	9.2	1.98
	심천종합	선전증권거래소에 상장된 A주, B주를 시가총액 가중으로 나타낸 지수. 선전증권거래소에는 메인보드, 중소판, 창업판 존재	2,389개	90,000	6,000	52.0	6.6	0.83
홍콩	홍콩H (HSCEI)	중국 본토 기업 상장	51개	10,000	3,500	11.2	12.2	2.78
	홍콩항셍 (HSI)	홍콩 상장 대형주 인덱스	52개	10,000	3,700	16.0	7.8	2.36

*상해+선전
 -CSI300: 상해종합지수와 심천종합지수의 A주 중 대표 300개 우량 종목으로 구성
 -A50: 상해종합지수와 심천종합지수의 A주 중 대표 50개 우량 종목으로 구성
*항셍테크지수: 동양판 나스닥지수를 표방하며 2020년에 등록. 중국 대표 기술주에 투자
*항셍지수는 2022년까지 80개 종목으로 확대될 예정
*거래 규모 및 시가총액 등의 자료는 적용 환율 및 절사 등을 통해 일부 오류 가능

앞서가는 서학개미를 위한 해외주식 투자지도

▶ 아시아 이머징 국가 대표 지수(2020년 12월 31일 기준)

국가	지수	주요 특징	종목 수	일일 거래 규모 (십억 원)	시가 총액 (조 원)	PER (배)	ROE (%)	배당 수익률 (%)
대만	TWSE	타이완증권거래소에 상장된 전 종목을 시가총액 가중으로 구성	915개	10,718	1,800	23.6	9.8	2.69
인도	니프티 50	인도국립증권거래소에 상장된 종목을 시가총액 가중으로 구성	50개	4,400	1,650	36.0	9.7	0.98
베트남	VN	호치민증권거래소에 상장된 종목을 시가총액 가중으로 구성	394개	620	200	19.9	13.0	1.36

*거래 규모 및 시가총액 등의 자료는 적용 환율 및 절사 등을 통해 일부 오류 가능

앞서가는 서학개미를 위한 해외주식 투자지도

초판 1쇄 발행 2021년 3월 20일

지은이 | 황호봉
펴낸곳 | 원앤원북스
펴낸이 | 오운영
경영총괄 | 박종명
편집 | 이광민 최윤정 김효주 강혜지 이한나 김상화
디자인 | 윤지예
마케팅 | 송만석 문준영 이태희
등록번호 | 제2018-000146호(2018년 1월 23일)
주소 | 04091 서울시 마포구 토정로 222 한국출판콘텐츠센터 319호(신수동)
전화 | (02)719-7735   팩스 | (02)719-7736
이메일 | onobooks2018@naver.com   블로그 | blog.naver.com/onobooks2018
값 | 18,000원
ISBN 979-11-7043-183-1 03320